Contes Philosophiques Illustration du Stoïcisme

en 52 Paraboles pour l'Esprit Contemporain

**Copyright © 2023 by Quentin BELMONT
All rights reserved, including the right to reproduce this book or portions thereof in any form whatsoever.**

**Copyright © 2023 by Quentin BELMONT
Tous droits de traduction, d'adaptation et de reproduction, totale ou partielle, pour quelque usage, par quelque moyen que ce soit, réservés pour tous pays.**

SOMMAIRE

Introduction

- Présentation du stoïcisme et son importance à travers l'histoire.. 6
- Comment utiliser ce livre pour chaque semaine de l'année... 8

Chapitre 1 : La Nature et le Cosmos........................ 10

- Le rythme de l'univers.. 10
- L'arbre stoïque et la force du vent........................... 13
- Les étoiles comme guides.. 15
- La montagne inébranlable... 17

Chapitre 2 : L'Acceptation.. 19

- La rivière et le rocher.. 19
- Le charretier pris dans la boue.................................. 21
- L'oiseau sous la pluie... 23
- Le Sabre et le forgeron.. 25

Chapitre 3 : La Maîtrise de Soi................................. 27

- L'archer et la cible... 27
- Le miroir brisé.. 29
- La tempête intérieure.. 31
- Les deux loups en nous.. 33

SOMMAIRE

Chapitre 4 : Les Relations Humaines 35

- Le sage et le voleur 35
- L'aveugle et le paralytique 37
- La danse des masques 39
- Le jardinier et les mauvaises herbes 41

Chapitre 5 : La Mort et l'Impermanence 43

- Le soleil couchant 43
- La rose éphémère 45
- L'horloge de sable 47
- Le vieux chêne et l'hiver 49

Chapitre 6 : Le Destin 51

- Le tisserand et sa toile 51
- Les traces dans le sable 53
- Le marin et la boussole 55
- Le jeu d'échecs cosmique 57

Chapitre 7 : Le Désir 59

- Le vase vide 59
- La soif insatiable 61
- Les chaînes en or 63
- La chandelle et le papillon 65

SOMMAIRE

Chapitre 8 : L'Endurance 67

- Le voyage du désert 67
- La forge de l'âme 69
- Le rocher et les vagues 71
- La lanterne dans la nuit 73

Chapitre 9 : La Perception 75

- Les lunettes colorées 75
- L'écho de la montagne 77
- Le miroir de l'eau 79
- La peinture inachevée 81

Chapitre 10 : La Liberté Intérieure 83

- La cage dorée 83
- Les ailes brisées 85
- La clé du labyrinthe 87
- Le ballon et le ciel 89

Chapitre 11 : La Sagesse 91

- La bibliothèque oubliée 91
- La fontaine de la vérité 93
- Le vieil homme et la mer 95
- Les graines de la connaissance 97

SOMMAIRE

Chapitre 12 : La Valeur de la Vie 99

- Le trésor caché 99
- Le diamant brut 101
- La mélodie de la vie 103
- Le banquet des dieux 105

Chapitre 13 : Réflexions Finales 107

- La dernière page du livre 107
- Le silence après la tempête 108
- Le commencement dans la fin 109
- La boucle éternelle du stoïcisme ... 110

Conclusion 112

- Récapitulatif des enseignements et comment les intégrer dans la vie quotidienne 112
- Invitation à la réflexion personnelle et à la poursuite du chemin stoïcien 113

A propos de l'auteur 115

Introduction

Présentation du stoïcisme et son importance à travers l'histoire

Depuis l'Antiquité, il existe des courants de pensée qui traversent les âges avec une grâce et une pertinence immuables. Parmi ces courants se trouve le stoïcisme, une philosophie qui, bien qu'elle ait vu le jour dans les agora animées d'Athènes, résonne encore puissamment dans les cœurs et les esprits du XXIe siècle.

Le stoïcisme est né à une époque de bouleversements, à une époque où les empires s'effondraient et renaissaient, et où les questions sur la nature de la vie, du destin et de la vertu étaient d'une importance primordiale. Fondé par Zénon de Kition au IVe siècle avant J.-C., le stoïcisme enseignait que le bien-être résidait non pas dans les richesses matérielles ou les plaisirs éphémères, mais dans une vie vécue conformément à la raison et à la vertu. Pour le stoïcien, la tempête extérieure importait peu, car la véritable bataille se déroulait à l'intérieur, dans l'arène de l'esprit.

Mais pourquoi cette philosophie antique retient-elle toujours notre attention ? Pourquoi, à travers les âges, des empereurs comme Marc Aurèle, des esclaves comme Épictète et des hommes d'État comme Sénèque ont-ils tous trouvé du réconfort et de la guidance dans ses enseignements ? La réponse réside dans son universalité. Le stoïcisme ne se limite pas à une époque ou à une culture ; il aborde les défis éternels de la condition humaine. Il nous rappelle que, malgré les vicissitudes de la vie, nous avons toujours le pouvoir de choisir notre réaction, de choisir la vertu et la sagesse.

A travers l'histoire, le stoïcisme a éclairé le chemin de nombreux penseurs, dirigeants, et individus ordinaires, les aidant à naviguer à travers les eaux tumultueuses de la vie. Dans ce livre, nous explorerons ensemble 52 contes qui encapsulent les leçons et les vérités de cette philosophie intemporelle. Ces histoires servent de phares, illuminant la sagesse stoïcienne et nous guidant dans notre propre voyage vers une vie plus riche et plus significative.

Préparez-vous à un voyage à travers les âges, à travers les défis et les triomphes, où chaque conte vous rapprochera un peu plus de la sérénité, de la force et de la clarté que le stoïcisme promet.

Comment utiliser ce livre pour chaque semaine de l'année

Ce livre a été conçu comme une boussole pour l'esprit, une guidance à utiliser tout au long de l'année. Chaque conte philosophique représente une semaine de réflexion, vous offrant la possibilité de plonger profondément dans les enseignements du stoïcisme et de les appliquer à votre vie quotidienne.

Commencez chaque semaine en choisissant un moment tranquille pour lire le conte attribué. Prenez le temps de savourer chaque mot, de visualiser chaque scène et de comprendre chaque message. Après la lecture, offrez-vous un moment de méditation silencieuse, permettant aux leçons du conte de s'ancrer dans votre esprit.

Durant la semaine, réfléchissez à la manière dont la leçon du conte peut s'appliquer à votre vie. Que vous soyez confronté à des défis professionnels, des dilemmes personnels ou des questions existentielles, demandez-vous : "Que ferait un stoïcien ?" Utilisez ces contes comme un miroir pour examiner vos réactions, vos décisions et vos émotions.

Chaque fin de semaine, prenez un moment pour journaliser vos expériences, réflexions et réalisations. Notez comment les enseignements stoïciens ont nfluencé vos actions et vos pensées, et comment vous pouvez affiner davantage votre compréhension à l'avenir.

En progressant à travers l'année, vous découvrirez que les contes et leurs leçons se construisent les uns sur les autres, formant un tableau cohérent de la philosophie stoïcienne. L'objectif n'est pas simplement d'apprendre, mais de vivre ces enseignements, de les intégrer dans la trame de votre quotidien.

Que ce livre serve donc de guide, d'ami et de mentor à mesure que vous naviguez à travers les saisons de la vie, armé de la sagesse intemporelle des stoïciens.

Chapitre 1 : La Nature et le Cosmos

Les stoïciens croient que la nature est rationnelle et qu'il est important de vivre en harmonie avec elle. Cette section sert à rappeler la majestuosité de l'univers et comment nous pouvons trouver notre place en son sein.

1 - Le Rythme de l'Univers

Dans une petite ville nichée au pied d'une chaîne montagneuse, vivait un musicien du nom d'Elian. Chaque jour, au crépuscule, les habitants se rassemblaient sur la place du marché pour l'écouter jouer de sa lyre. La musique d'Elian était si mélodieuse qu'elle semblait arrêter le temps, et chaque note évoquait une émotion profonde chez ceux qui écoutaient. Un soir, un étranger vêtu de robes simples entra dans la ville. Il s'appelait Darius et était connu comme un philosophe stoïcien errant. Intrigué par la musique d'Elian, Darius s'approcha et écouta en silence. Lorsque le musicien eut fini de jouer, Darius s'approcha de lui. "Ta musique, dit-il, capture quelque chose de profondément universel. C'est comme si tu jouais le rythme même de l'univers." Un soir, un étranger vêtu de robes simples entra dans la ville. Il s'appelait Darius et était connu comme un philosophe stoïcien errant.

Intrigué par la musique d'Elian, Darius s'approcha et écouta en silence. Lorsque le musicien eut fini de jouer, Darius s'approcha de lui. "Ta musique, dit-il, capture quelque chose de profondément universel. C'est comme si tu jouais le rythme même de l'univers." Elian sourit doucement. "Je m'efforce d'écouter, répondit-il. Chaque matin, avant l'aube, je monte au sommet de cette montagne. Là, j'écoute le murmure du vent, le gazouillis des oiseaux, le ruissellement des rivières. Je m'efforce d'entendre la symphonie silencieuse du monde." Darius hocha la tête en signe de compréhension. "Tu as découvert ce que beaucoup cherchent toute leur vie : le rythme de la nature, le tempo de l'univers. Dans cette harmonie, il y a une sagesse stoïcienne. En écoutant l'univers, nous comprenons notre place en son sein."
Les jours suivants, Elian emmena Darius avec lui sur la montagne. Ensemble, ils écoutèrent le monde s'éveiller, ressentant le pouls de la nature, le rythme immuable du cosmos. Elian joua de sa lyre, tentant de capturer cet équilibre parfait dans sa musique. Quand vint le temps pour Darius de quitter la ville, il laissa ces mots à Elian : "Continue d'écouter, car dans le rythme de l'univers, il y a non seulement de la musique, mais aussi des leçons. Tout comme les saisons changent en suivant un ordre naturel, nous aussi devons apprendre à accepter les hauts et les bas de la vie, à vivre en harmonie avec le grand orchestre du cosmos."

Elian continua de jouer chaque soir, mais sa musique prit une profondeur nouvelle. Elle était à la fois un reflet de la beauté du monde et un rappel de la sagesse stoïcienne : dans l'immensité de l'univers, nous avons tous une place, un rythme à suivre, une harmonie à chercher.

****

Ce conte met en lumière l'importance de vivre en harmonie avec la nature, selon les enseignements stoïciens. Il nous rappelle l'humilité face à l'immensité du cosmos, l'acceptation des cycles naturels de la vie et la valeur de l'écoute et de l'observation. À travers la musique d'Elian, il illustre comment la simplicité peut révéler des vérités universelles et profondes.

2 - L'Arbre et la Force du Vent

Au cœur d'une vaste forêt se dressait un vieil arbre, robuste et imposant. Ses racines s'enfonçaient profondément dans la terre, et ses branches s'étiraient haut dans le ciel, touchant presque les nuages. À ses côtés poussait un jeune saule, flexible et agile. Le saule se plaignait souvent des vents forts qui le faisaient se courber et danser malgré lui. "Pourquoi ces vents doivent-ils être si cruels ?" gémissait-il. L'Arbre, ayant entendu les plaintes du saule, lui répondit d'une voix profonde et apaisante : "Le vent ne cherche pas à te tourmenter. Il est simplement ce qu'il est. C'est ta réaction au vent qui te cause du tracas." Le saule, intrigué, regarda l'Arbre. "Mais toi, tu sembles si immobile, si imperturbable face à ces mêmes vents." L'Arbre sourit doucement. "Ce n'est pas que je résiste au vent, c'est que j'ai appris à l'accepter. Mes racines sont ancrées dans la terre, et mes branches, bien que solides, savent quand se plier. Le vent peut rugir, mais je ne le considère ni comme un ami ni comme un ennemi. Il est simplement une partie de ce monde." Le temps passa, et les saisons changèrent. Un jour, une tempête particulièrement violente se leva, emportant de nombreux arbres de la forêt. Mais le lendemain, lorsque le calme revint, le saule et l'Arbre étaient toujours là. Le saule, bien qu'un peu ébouriffé, avait survécu en se pliant gracieusement au gré du vent, tandis que l'Arbre, avec sa force tranquille, avait également tenu bon.

Le temps passa, et les saisons changèrent. Un jour, une tempête particulièrement violente se leva, emportant de nombreux arbres de la forêt. Mais le lendemain, lorsque le calme revint, le saule et l'Arbre étaient toujours là. Le saule, bien qu'un peu ébouriffé, avait survécu en se pliant gracieusement au gré du vent, tandis que l'Arbre, avec sa force tranquille, avait également tenu bon.

Le saule, ayant appris une leçon précieuse, dit : "J'ai compris. Ce n'est pas le vent qui définit qui nous sommes, mais la manière dont nous y répondons."

L'Arbre hocha lentement sa grande tête. "Dans la vie, tout comme dans la nature, nous ne pouvons pas toujours contrôler les forces extérieures. Mais nous avons toujours le choix de notre réponse." Et ainsi, dans le cœur silencieux de la forêt, le saule et l'Arbre continuèrent de grandir, chacun à sa manière, en harmonie avec le rythme de l'univers.

****

De ce conte, on apprend que l'acceptation des forces extérieures et la maîtrise de notre réponse intérieure déterminent notre résilience face aux défis de la vie.

3 - Les Étoiles comme Guides

Dans un village lointain, le jeune Milo rêvait souvent de naviguer sur l'océan inconnu. Tous les soirs, il contemplait les étoiles, émerveillé par leur éclat mystérieux. Les anciens du village racontaient que les marins se guidaient par elles pour traverser les vastes étendues d'eau. Un jour, un vieux navigateur nommé Théon arriva au village. Apprenant l'intérêt de Milo pour la navigation, il proposa de lui enseigner l'art de se guider à l'aide des étoiles. Durant des nuits entières, ils étudièrent les constellations, apprenant à déceler les repères célestes.

Un soir, alors qu'ils observaient le ciel, Milo posa une question : "Théon, pourquoi les étoiles sont-elles si importantes pour les navigateurs ?"

Théon sourit et répondit : "Les étoiles, mon garçon, sont immuables. Même quand les tempêtes agitent l'océan et obscurcissent notre vision, les étoiles restent là, fidèles, pour nous guider. Elles symbolisent nos principes intérieurs, qui, comme les étoiles, devraient rester constants face aux défis de la vie." Les années passèrent, et Milo devint un marin accompli, voyageant sur de nombreux océans. Même lors des nuits les plus sombres, il savait qu'il pouvait compter sur les étoiles pour trouver son chemin. Elles lui rappelaient l'importance d'avoir des principes solides et constants, guidant sa vie comme elles guidaient son navire.

Et ainsi, à travers les épreuves et les triomphes, Milo apprit que, tout comme les étoiles guident les marins sur l'océan tumultueux, nos valeurs et principes internes sont les étoiles qui guident notre voyage à travers la vie.

****

Le conte "Les Étoiles comme Guides" illustre l'importance des principes et des valeurs intérieurs comme boussoles dans notre vie. Tout comme les étoiles guident les marins sur les eaux incertaines, nos convictions profondes nous aident à naviguer à travers les défis de la vie. Même dans l'obscurité et les épreuves, ces principes restent constants et fidèles. Théon, le vieux navigateur, enseigne à Milo que, face aux incertitudes, c'est notre intégrité intérieure qui offre direction et clarté. Ainsi, le conte nous rappelle de chérir et d'honorer nos principes, car ils éclairent notre chemin.

4 - La Montagne Inébranlable

Dans une contrée lointaine dominée par de vastes territoires sauvages, se dressait une montagne majestueuse, connue de tous comme la Montagne Inébranlable. Elle semblait toucher le ciel et défiait les éléments depuis des éons. À ses pieds coulait une rivière impétueuse qui, chaque printemps, grossissait et tentait de façonner la montagne. Les vents hurlaient, les orages la frappaient, et pourtant, la montagne demeurait imperturbable. Un jour, un jeune voyageur nommé Célian, fasciné par la réputation de cette montagne, décida de l'escalader. Après plusieurs jours de marche ardue, il rencontra un ermite vivant à mi-hauteur de la montagne. Curieux, Célian lui demanda : "Pourquoi cette montagne reste-t-elle si solide, malgré tout ce que la nature lui inflige ?" L'ermite, avec un regard empreint de sagesse, répondit : "La montagne ne se bat pas contre la nature. Elle accepte chaque tempête, chaque coup de vent, non comme un défi, mais comme une partie d'elle-même. Elle sait que sa force ne vient pas de la résistance, mais de l'acceptation." Célian médita ces paroles pendant son ascension. En atteignant le sommet, face à l'immensité du monde, il comprit profondément la leçon de la montagne. Dans la vie, nous rencontrons des défis, des tempêtes intérieures et extérieures. Mais comme la montagne, c'est en acceptant et non en résistant que l'on trouve la véritable force.

Des années plus tard, Célian, devenu sage et respecté, transmettait cette leçon à d'autres : "Soyez comme la Montagne Inébranlable, trouvez la force dans l'acceptation et non dans la résistance."

****

Le conte "La Montagne Inébranlable" symbolise la puissance de l'acceptation face aux défis. La montagne, malgré les assauts incessants de la nature, reste ferme non par résistance, mais par acceptation. L'ermite, en partageant sa sagesse, enseigne à Célian que la véritable force réside dans notre capacité à accepter les épreuves de la vie plutôt que de lutter contre elles. Célian, transformé par cette révélation, réalise que la résilience provient de l'harmonie avec les circonstances, et non de la confrontation. La leçon fondamentale est que l'acceptation conduit à une force intérieure inébranlable.

Chapitre 2 : L'Acceptation

Une idée centrale du stoïcisme est d'accepter ce que nous ne pouvons pas changer. Cette section explore comment nous pouvons développer une paix intérieure en acceptant les réalités de la vie.

5 - La Rivière et le Rocher

Au cœur d'une vallée paisible, une rivière sinueuse serpentait entre les collines, chantant sa mélodie éternelle. En son centre, un grand rocher solitaire résistait à son courant depuis des siècles. Les eaux de la rivière caressaient continuellement le rocher, jour après jour, année après année. "Pourquoi te tiens-tu là, immobile et rigide, face à mon étreinte constante ?", demanda un jour la rivière. Le rocher, stoïque, répondit : "Je suis ici pour rappeler la force de la constance. Même face à ton courant incessant, je reste ferme et inébranlable." La rivière rit doucement. "Et moi, je suis ici pour montrer la puissance de la persévérance. Avec le temps, même la plus dure des pierres peut être façonnée par l'eau douce et constante."
Les années s'écoulèrent, et les villageois de la vallée remarquèrent que le rocher, bien que toujours présent, avait lentement commencé à se façonner, portant les marques douces et lisses des caresses de la rivière.

Un ancien du village, observant ce spectacle, partagea sa sagesse avec les plus jeunes : "Dans la danse éternelle entre la rivière et le rocher, nous voyons le jeu entre la constance et la persévérance. Le rocher nous enseigne la valeur de rester fermes face aux épreuves, tandis que la rivière nous montre que la douceur et la détermination, avec le temps, peuvent surmonter même les obstacles les plus solides." Et la rivière continua de couler, et le rocher de se tenir, chacun honorant l'autre dans leur danse immuable de leçons et de temps.

****

Le conte "La Rivière et le Rocher" illustre la dualité entre constance et persévérance. Le rocher, solide et immuable, représente la force de la constance face aux défis. La rivière, avec son courant incessant, symbolise la persévérance et la capacité de façonner même les obstacles les plus durs avec le temps. L'interaction entre les deux montre que, bien que différents, ces deux traits sont complémentaires. Ensemble, ils enseignent la valeur de rester ferme tout en s'adaptant avec détermination aux circonstances.

6 - Le Charretier Pris dans la Boue

Sur une vieille route de campagne, un charretier nommé Dorian conduisait sa charrette chargée de fruits vers le marché de la ville voisine. Alors qu'il s'approchait d'une zone marécageuse, une roue de la charrette s'enfonça soudainement dans une boue épaisse. Malgré ses efforts, les roues semblaient être fermement ancrées et ne bougeaient pas.

Dorian, frustré, leva les yeux au ciel et implora : "Ô forces divines, délivrez-moi de cette mésaventure et libérez ma charrette !"

Après quelques instants de silence, une voix grave résonna : "Homme, ne compte pas sur des forces extérieures pour résoudre tes problèmes. Utilise ce que tu as à ta disposition et fais preuve de détermination."

Dorian s'arrêta un instant, réfléchissant aux paroles entendues. Il commença alors à chercher autour de lui. Il trouva quelques planches de bois abandonnées non loin et les plaça sous les roues pour créer un chemin solide. Avec un effort soutenu et une détermination renouvelée, il réussit finalement à sortir la charrette de la boue. Alors qu'il reprenait sa route, Dorian murmura avec gratitude : "La véritable force ne se trouve pas dans l'attente d'un miracle, mais dans l'action et la persévérance face aux obstacles."

Contes Philosophiques

****

Le conte "Le Charretier Pris dans la Boue" souligne l'importance de l'autonomie et de l'initiative. Au lieu d'attendre une aide extérieure, Dorian découvre que la solution réside dans l'utilisation judicieuse de ses propres ressources et efforts. La véritable force vient de l'action proactive et de la détermination face aux défis, plutôt que de compter sur des interventions extérieures.

7 - L'Oiseau sous la Pluie

Dans une forêt dense, vivait Alaric, un oiseau aux plumes chatoyantes. Il était admiré par tous pour sa beauté et son chant mélodieux. Cependant, malgré sa popularité, Alaric avait une crainte : il détestait la pluie. Chaque fois qu'il sentait les premières gouttes, il se réfugiait précipitamment sous les feuillages pour se protéger.

Un jour, alors qu'une averse s'abattait, Alaric observa un autre oiseau, Léna, qui dansait joyeusement sous la pluie, ses plumes gorgées d'eau. Curieux, Alaric lui demanda : "Pourquoi ne cherches-tu pas un abri ? N'as-tu pas peur d'être mouillé ?"

Léna, le regard brillant, répondit : "La pluie n'est qu'une autre expérience de la vie. Elle me rafraîchit et nourrit la terre qui nous fournit notre nourriture. Plutôt que de fuir cette réalité, j'ai choisi de l'embrasser."

Inspiré par la sagesse de Léna, Alaric décida de s'aventurer sous la pluie. Les gouttes caressaient ses plumes, lui offrant une sensation nouvelle et vivifiante. Il réalisa que ce qu'il craignait n'était pas la pluie en elle-même, mais l'idée qu'il s'en était faite.

Dès lors, chaque fois qu'une averse tombait, on pouvait voir Alaric et Léna, dansant ensemble sous la pluie, célébrant la beauté des éléments et l'acceptation de chaque moment tel qu'il est.

Contes Philosophiques

****

Le conte "L'Oiseau sous la Pluie" explore la notion d'acceptation et de changement de perspective. Alaric apprend que la peur est souvent basée sur des perceptions erronées. En choisissant d'embrasser l'expérience plutôt que de la fuir, il découvre une joie inattendue. La pluie, symbolisant les défis de la vie, peut être accueillie avec résilience et gratitude lorsqu'on change notre regard sur elle.

8 - Le Sabre et le Forgeron

Dans un village niché entre deux montagnes, vivait Hiro, un forgeron réputé pour ses sabres exceptionnels. Un jour, un jeune guerrier du nom d'Aiko vint à lui avec un sabre brisé, fruit de nombreuses batailles. "Peux-tu le réparer ?", demanda-t-il avec espoir. Hiro examina le sabre et déclara : "Je pourrais le refondre et en faire un nouveau, mais sache que son caractère ne sera plus le même." Intrigué, Aiko demanda ce qu'il entendait par là. Hiro répondit : "Un sabre, tout comme un homme, est façonné par ses expériences. Lorsque je le chauffe, le plie et le frappe, je lui donne une nouvelle forme, mais aussi une nouvelle essence." Choisissant de faire confiance au forgeron, Aiko acquiesça. Pendant des jours, Hiro travailla l'acier, le chauffant puis le refroidissant, le martelant puis le polissant. Finalement, il présenta un sabre magnifique, solide et brillant, à Aiko. Alors que le guerrier prenait le sabre en main, il ressentit une connexion profonde avec lui. Hiro, voyant cela, déclara : "Ton sabre est renouvelé, mais il porte toujours en lui les traces de son passé. Tout comme nous, il est façonné par ses épreuves et sa renaissance." Aiko quitta la forge non seulement avec un sabre reforgé, mais aussi avec une compréhension plus profonde de lui-même et du processus continuel de croissance et de transformation auquel chaque être est soumis.

****

Le conte "Le Sabre et le Forgeron" nous rappelle que les épreuves façonnent notre caractère, tout comme le feu et le marteau forgent l'épée. Bien que la transformation puisse changer notre forme extérieure, l'essence de nos expériences passées reste gravée en nous. Comme l'épée reforgée, nous portons les marques de nos défis, mais émergeons plus forts et résilients grâce à eux.

Chapitre 3 : La Maîtrise de Soi

La maîtrise de nos réactions et émotions est un autre pilier du stoïcisme. Cette section examine comment nous pouvons développer une discipline intérieure face aux défis extérieurs.

9 - L'Archer et la Cible

Au cœur d'une vaste plaine, Milo, un jeune archer talentueux, s'entraînait chaque jour au tir à l'arc. Pour lui, chaque flèche lancée se devait d'atteindre le centre de la cible. Pourtant, malgré sa dextérité, certaines flèches déviaient de leur trajectoire. Un jour, une vieille femme, ayant observé Milo depuis un moment, s'approcha de lui. "Jeune homme," dit-elle, "pourquoi te tourmentes-tu chaque fois que ta flèche ne touche pas le centre?" Milo, surpris, répondit : "Ne devrais-je pas toujours viser la perfection?" La vieille femme sourit : "Vise la perfection, certes, mais souviens-toi que l'échec est aussi un maître. Il te montre où tu dois t'améliorer, et te rappelle l'importance de la persévérance." Intrigué, Milo regarda ses flèches éparpillées autour de la cible. "Mais comment puis-je être satisfait si je ne suis pas parfait?" demanda-t-il. La vieille femme pointa le ciel où un oiseau volait librement.

"L'oiseau ne pense pas à la perfection lorsqu'il vole. Il embrasse le vent et s'adapte à chaque rafale. Ta quête n'est pas la perfection, mais l'harmonie avec toi-même et le monde qui t'entoure." Milo médita sur ces paroles. Les jours suivants, il continua de s'entraîner, mais avec une nouvelle sérénité. Il apprit à accepter ses erreurs comme des opportunités d'apprentissage, à embrasser le voyage plutôt que de se concentrer uniquement sur la destination.

****

Le conte "L'Archer et la Cible" enseigne que, plutôt que de viser une perfection inatteignable, il est essentiel d'embrasser le processus d'apprentissage et les imperfections. Les erreurs ne sont pas des échecs, mais des occasions d'amélioration et de croissance personnelle. La véritable quête est l'harmonie avec soi-même et son environnement.

10 - Le Miroir Brisé

Dans un modeste village bordant une vaste forêt, vivait Cléa, une jeune femme possédant un miroir magique. Ce miroir, transmis de génération en génération, avait la capacité de refléter non seulement l'apparence, mais aussi l'âme de celui qui s'y regardait. Un soir d'orage, un coup de vent violent fit chuter le miroir, le brisant en mille morceaux. Cléa fut dévastée, croyant avoir perdu à jamais ce précieux héritage. Le lendemain, tandis qu'elle ramassait les fragments avec précaution, elle remarqua que chaque morceau reflétait une facette différente d'elle-même : ses rires, ses peines, ses espoirs, ses craintes. Un vieux sage du village, ayant entendu le bruit du miroir brisé, s'approcha de Cléa et dit : "Ce miroir, bien que brisé, te montre maintenant la complexité et la multiplicité de ton être. Chaque fragment te rappelle que tu n'es pas définie par un seul aspect de toi-même." Avec le temps, Cléa rassembla les morceaux et en fit un magnifique vitrail pour sa fenêtre. À chaque lever du jour, les rayons du soleil traversaient le vitrail, illuminant sa maison de mille couleurs et rappelant à Cléa la beauté de sa nature complexe et multifacette.

Contes Philosophiques

****

Le conte "Le Miroir Brisé" nous enseigne que la valeur d'une personne ne se limite pas à une seule facette. Même brisés ou confrontés à des épreuves, nous avons en nous une complexité et une beauté intrinsèques. Les adversités peuvent souvent révéler des aspects cachés et précieux de notre être.

11 - La tempête intérieure

Sur une île isolée, Léandre, un vieux pêcheur, était connu pour sa capacité à naviguer calmement, même lors des tempêtes les plus féroces. Les villageois se demandaient souvent comment il parvenait à rester si serein face à la fureur des éléments.

Un soir, alors qu'une tempête s'annonçait, une jeune apprentie, Émilia, demanda à Léandre s'ils pouvaient sortir en mer, désireuse de comprendre son secret. Avec un sourire mystérieux, il accepta.

Au cœur de la tourmente, alors que les vagues déferlaient et que le vent rugissait, Émilia était terrifiée. Pourtant, Léandre, au milieu de ce chaos, semblait en paix, les yeux fixés sur l'horizon.

"Maître, comment fais-tu pour rester si calme ?" s'écria Émilia.

Léandre répondit : "La tempête à l'extérieur n'est pas différente de celles que nous affrontons à l'intérieur de nous. Avec le temps, j'ai appris que lutter contre la tempête la renforce. Mais l'accueillir, la comprendre et la laisser passer, voilà le secret."

Émilia, intriguée, demanda : "Mais comment accueillir une force si destructrice ?"

Le vieux pêcheur sourit : "En te rappelant que, tout comme la mer, la tempête finira par se calmer. Il suffit de naviguer avec sagesse, d'avoir confiance en toi et de savoir que, après la pluie, vient toujours le soleil."

De retour au village, Émilia réalisa que la leçon de Léandre dépassait la navigation en mer. Elle s'appliquait à chaque tempête émotionnelle qu'elle avait traversée dans sa vie. Dès lors, elle apprit à naviguer à travers ses propres tourments avec la même sérénité que Léandre face à l'océan déchaîné.

****

Le conte "La Tempête Intérieure" met en lumière la similitude entre les tempêtes extérieures et nos tumultes intérieurs. Léandre, par sa sagesse, enseigne qu'il est inutile de lutter contre ces tempêtes, car cela ne fait que les amplifier. À la place, il faut les accueillir, les comprendre et avoir confiance en leur passage éphémère. Cette acceptation et cette confiance apportent la sérénité nécessaire pour traverser les épreuves, qu'elles soient physiques ou émotionnelles, avec grâce et résilience.

12 - Les deux loups en nous

Dans une vallée lointaine, au pied de montagnes majestueuses, vivait une tribu nomade. Les anciens de la tribu racontaient souvent une histoire qui avait été transmise de génération en génération. Un soir, autour d'un feu crépitant, le plus sage des anciens prit la parole devant les jeunes de la tribu : "En chacun de nous, il y a une bataille qui se déroule, une bataille entre deux loups." Le regard des enfants brillait de curiosité. "L'un des loups est noir", poursuivit l'ancien. "Il représente la jalousie, la colère, le regret, l'arrogance, le ressentiment, la fausseté. L'autre loup est blanc. Il incarne la paix, l'amour, l'espoir, la sérénité, l'humilité, la bienveillance, la vérité." Un jeune garçon, intrigué, demanda : "Mais grand-père, lequel des deux loups gagne la bataille?"

Le vieux sage, avec un sourire empreint de connaissances ancestrales, répondit : "Celui que tu choisis de nourrir." Les enfants méditèrent sur ces mots, prenant conscience du pouvoir qu'ils avaient sur leurs propres actions et émotions. Ils comprirent que chaque jour offrait l'opportunité de choisir quel loup nourrir, et que ce choix déterminait la personne qu'ils allaient devenir.

Contes Philosophiques

****

Le conte "Les Deux Loups en Nous" nous enseigne que nous possédons tous en nous des forces contradictoires, et que c'est la force que nous choisissons de nourrir qui détermine notre caractère et notre destin.

Chapitre 4 : Les Relations Humaines

Les stoïciens valorisent la vertu et la bienveillance envers les autres. Ces contes mettent en évidence comment nous pouvons pratiquer la justice et la compréhension dans nos relations.

13 - Le sage et le voleur

Dans un village niché au creux d'une vallée verdoyante, vivait Dhara, un sage respecté de tous pour sa grande érudition et sa bonté. Sa réputation s'étendait bien au-delà des frontières du village, attirant de nombreux visiteurs en quête de sagesse. Un soir, un voleur, ayant entendu parler de la richesse du sage, décida de s'introduire discrètement dans sa demeure. À sa grande surprise, il ne trouva ni or ni bijoux, mais seulement une pièce simple avec quelques livres et un lit de paille.
Tandis qu'il fouillait, déçu, Dhara entra dans la pièce, le surprenant en flagrant délit. Au lieu de crier ou de le chasser, le sage lui dit calmement : "Si tu es venu chercher de la richesse, je peux t'offrir ce que j'ai de plus précieux." Intrigué, le voleur répondit avec méfiance : "Et qu'est-ce donc ?" Dhara prit un livre, le lui tendit et dit : "La connaissance est la seule richesse qui ne peut être volée et qui ne s'épuise jamais."

Le voleur, touché par la sagesse et la générosité du sage, décida de changer de voie. Il devint un fidèle disciple de Dhara, apprenant que les véritables trésors ne sont pas matériels, mais résident dans la sagesse et la compréhension profonde de la vie.

****

Le conte "Le Sage et le Voleur" illustre que les véritables richesses ne se mesurent pas en possessions matérielles, mais en connaissances et en sagesse. Face à l'adversité, la générosité et la compréhension peuvent transformer un cœur égaré. Chaque interaction est une opportunité d'enseignement, et la véritable abondance réside dans les trésors intangibles de l'esprit.

14 - L'aveugle et le paralytique

Au bord d'une route poussiéreuse d'une ancienne cité, deux hommes se trouvaient tous les jours : Sameer, un aveugle, et Ilyas, un paralytique. Chaque jour, ils partageaient leurs histoires, leurs rêves et leurs frustrations.

Sameer, avec ses yeux qui ne voyaient pas, décrivait à Ilyas la beauté du monde qu'il imaginait, les montagnes majestueuses, les forêts verdoyantes et les mers scintillantes sous le soleil. Ilyas, quant à lui, parlait de sa soif d'aventure, de sa volonté de parcourir le monde, de gravir les montagnes et de traverser les vallées.

Un matin, une idée leur vint. "Et si nous unissions nos forces ?", suggéra Ilyas. "Je pourrais être tes jambes et tu pourrais être mes yeux." Sameer accepta avec enthousiasme. Il monta sur le dos d'Ilyas, et ensemble, ils commencèrent à explorer le monde. Sameer guidait Ilyas à travers les sentiers, décrivant chaque beauté qu'il percevait grâce à ses autres sens. Ilyas, avec sa force et sa détermination, emmenait Sameer dans des endroits qu'il n'aurait jamais imaginé pouvoir atteindre.

Leur duo insolite devint une source d'inspiration pour tous ceux qui les rencontraient. Ils démontrèrent que malgré les obstacles, en unissant nos forces et nos talents, nous pouvons surmonter les plus grands défis.

Contes Philosophiques

****

Le conte "L'aveugle et le paralytique" met en lumière l'importance de la collaboration et de la complémentarité des forces. Malgré leurs handicaps respectifs, en s'unissant, les deux hommes transcendent leurs limitations. Leur voyage symbolise qu'en combinant nos talents et en travaillant ensemble, nous sommes capables d'accomplir des merveilles et de surmonter les obstacles qui semblent insurmontables.

15 - La danse des masques

Dans un royaume lointain, une tradition singulière avait lieu chaque année : la Danse des Masques. À cette occasion, chaque habitant devait porter un masque qui représentait une émotion ou un trait de caractère qu'il souhaitait cacher ou surmonter.

La princesse Liora, bien qu'entourée de richesses et de luxes, portait un masque de tristesse, car elle se sentait prisonnière de sa vie royale et de ses responsabilités.

Kael, un simple forgeron, choisit un masque d'arrogance, cachant ainsi sa profonde insécurité. Lors de la danse, Kael et Liora se rencontrèrent. Guidés par la mélodie, leurs pas se synchronisèrent naturellement, et ils dansèrent ensemble toute la nuit. Au fil de la danse, ils découvrirent, derrière leurs masques, leur véritable nature et leurs désirs les plus profonds.

À l'aube, lorsque la musique s'éteignit, ils retirèrent leurs masques, se montrant tels qu'ils étaient vraiment. Ils découvrirent que la véritable liberté ne réside pas dans le fait de cacher ses émotions ou ses faiblesses, mais de les accepter et de les partager avec autrui.

Les années suivantes, la Danse des Masques prit une nouvelle signification. Les habitants commencèrent à porter des masques représentant non pas ce qu'ils voulaient cacher, mais ce qu'ils voulaient révéler, célébrant ainsi leur authenticité et leur humanité.

****

Le conte "La danse des masques" explore la dualité entre l'apparence et l'authenticité. Il nous montre que, souvent, nous portons des "masques" pour cacher nos véritables émotions ou nos insécurités. Cependant, en se montrant authentiques et vulnérables, nous pouvons établir des connexions plus profondes et sincères avec les autres. La transformation de la tradition au sein du royaume rappelle l'importance d'embrasser et de célébrer notre véritable nature, plutôt que de se cacher derrière des façades.

16 - Le jardinier et les mauvaises herbes

Dans un petit village bordé par une rivière sinueuse, Farid, un jardinier passionné, avait le jardin le plus luxuriant. Chaque jour, il arrosait ses plantes, parlait à ses fleurs, et admirait leur beauté. Cependant, une chose l'attristait : malgré tous ses efforts, des mauvaises herbes envahissaient sans cesse son jardin.

Farid essayait inlassablement de les arracher, mais elles revenaient toujours, parfois encore plus nombreuses. Un jour, un vieil ermite de passage, voyant Farid lutter contre ces intrus, s'approcha de lui et lui dit : "Pourquoi combats-tu ces plantes avec tant d'ardeur ?" Épuisé, Farid répondit : "Elles gâchent la beauté de mon jardin. Si je ne les enlève pas, elles prendront le dessus."

L'ermite sourit et dit : "Peut-être que ces herbes ont aussi leur place dans ton jardin. Au lieu de les voir comme des ennemies, cherche à comprendre ce qu'elles ont à t'offrir."

Intrigué, Farid décida d'observer ces mauvaises herbes. Il réalisa qu'elles protégeaient le sol de l'érosion, attiraient certains insectes bénéfiques et apportaient même des propriétés médicinales. Avec le temps, Farid apprit à coexister avec ces plantes, intégrant leur présence dans son jardin.

Le jardin de Farid devint non seulement le plus beau, mais aussi le plus équilibré et harmonieux du village. Les habitants venaient de loin pour admirer cette symbiose et apprendre la sagesse du jardinier qui avait su voir la valeur en chaque chose.

****

Le conte "Le jardinier et les mauvaises herbes" nous enseigne que la nature, dans toute sa diversité, a une raison d'être. Chaque élément, même ceux que nous considérons comme indésirables, a sa place et sa fonction. En cherchant à comprendre plutôt qu'à éliminer, Farid découvre la valeur cachée des mauvaises herbes. Le conte nous incite à voir au-delà de nos préjugés, à embrasser la complexité du monde et à reconnaître la beauté dans l'inattendu.

Chapitre 5 : La Mort et l'Impermanence

Les stoïciens réfléchissent souvent à la mortalité pour mieux apprécier la vie. Ces contes rappellent l'impermanence de tout et encouragent une perspective équilibrée sur la vie et la mort.

17 - Le soleil couchant

Dans un village niché entre deux montagnes, la vie était rythmée par le lever et le coucher du soleil. Les habitants vénéraient le soleil levant pour ses promesses de nouveaux débuts, mais craignaient le soleil couchant, symbole de la fin et de l'obscurité. Un jeune garçon nommé Malik était fasciné par le crépuscule. Contrairement aux autres, il gravissait chaque soir la montagne ouest pour regarder le soleil se coucher. Les villageois le considéraient comme étrange, murmurant qu'il était peut-être ensorcelé par les ombres.
Un soir, la vieille Nour, curieuse, décida de rejoindre Malik. Arrivée au sommet, elle trouva le garçon les yeux fixés sur l'horizon, où le soleil fusionnait avec la terre dans une explosion de couleurs. "Pourquoi viens-tu ici chaque soir, mon enfant ?", demanda-t-elle.
Malik répondit avec un sourire doux : "Le lever du soleil est un rappel des débuts, mais le coucher du soleil... c'est

une célébration de tout ce qui a été vécu pendant la journée. Il nous enseigne que même la fin peut être belle."

Touchée par sa sagesse, Nour partagea cette perspective avec les villageois. Avec le temps, le sommet de la montagne ouest devint un lieu de rassemblement où les gens venaient pour célébrer la fin de la journée, se remémorant les moments vécus, les rires partagés, et les leçons apprises.

Le village apprit que chaque fin, bien que mélancolique, porte en elle la beauté des souvenirs et la promesse d'un nouveau lever.

****

Le conte "Le soleil couchant" souligne la beauté et la valeur de chaque phase de la vie, y compris ses conclusions. Malik nous montre que la fin d'un jour, symbolisée par le coucher du soleil, n'est pas seulement une fin en soi, mais une célébration des expériences vécues. Il nous invite à chérir les souvenirs, à embrasser la mélancolie avec gratitude, et à comprendre que chaque coucher de soleil annonce la promesse d'un nouveau lever. Chaque moment, qu'il soit de début ou de fin, détient sa propre magie et son enseignement.

18 - La rose éphémère

Au cœur d'une vallée lointaine, là où les montagnes embrassent le ciel, fleurissait une rose pas comme les autres. Contrairement à ses consœurs qui vivaient plusieurs semaines, cette rose ne s'épanouissait que pour une seule journée. Son nom était Elysia.

Les villageois considéraient Elysia avec une certaine pitié, pensant qu'elle était maudite pour n'avoir qu'un si court moment au soleil. Mais Elysia ne voyait pas les choses ainsi. Bien qu'éphémère, sa beauté était si intense, son parfum si envoûtant, qu'elle éclipsait toutes les autres roses pendant sa journée de vie.

Un matin, une jeune fille nommée Lila se rendit à la vallée et fut captivée par Elysia. "Pourquoi es-tu si radieuse alors que tu ne vis que si peu de temps?", demanda Lila.

Avec un sourire, Elysia répondit : "Parce que je ne vis qu'une journée, chaque seconde est précieuse. Je ne retiens rien, je donne tout. Mon éphémérité m'a appris à vivre pleinement."

Lila, touchée par la sagesse de la rose, comprit qu'il ne s'agissait pas de la durée de la vie, mais de la manière dont on la vit. Elle retourna au village, partageant l'histoire d'Elysia, rappelant à tous l'importance de chérir chaque instant.

La légende d'Elysia se propagea bien au-delà de la vallée, inspirant des générations à vivre avec passion, intensité et gratitude, quelle que soit la durée de leur existence.

****

Le conte "La rose éphémère" illustre la valeur intrinsèque de chaque moment de notre vie, indépendamment de sa durée. Elysia, avec sa courte existence, embrasse chaque seconde, rayonnant d'une beauté et d'une intensité sans pareil. Elle nous enseigne que la qualité de la vie ne se mesure pas en jours, mais dans la manière dont on vit chaque instant. L'histoire nous rappelle d'apprécier pleinement chaque moment, de vivre avec passion, et de reconnaître la beauté dans l'éphémère.

19 - L'horloge de sable

Dans un ancien village perché sur une colline, une mystérieuse horloge de sable trônait au centre de la place principale. Elle ne mesurait pas les heures, mais plutôt les moments marquants de la vie des habitants. À chaque événement significatif, un grain de sable tombait. Un jour, un jeune garçon, Idris, curieux de l'horloge, demanda à l'ancien gardien du temps, Maître Zephyr, ce qui définissait un "moment marquant". Zephyr répondit : "C'est un moment où l'on ressent profondément, où l'on apprend ou où l'on grandit. C'est un instant qui change le cours de notre existence, même de la plus petite manière." Idris, intrigué, décida d'observer l'horloge pendant une semaine. Il nota que parfois plusieurs jours passaient sans qu'un grain ne tombe, alors qu'à d'autres moments, plusieurs grains tombaient en une seule journée. Il remarqua que les moments les plus simples, comme une étreinte ou une parole réconfortante, pouvaient être aussi marquants que des événements majeurs. Un soir, alors qu'Idris méditait sur ses observations, un grain tomba. Maître Zephyr, souriant, s'approcha et dit : "Ce grain est pour toi, jeune Idris. Aujourd'hui, tu as appris l'importance des moments, grands ou petits, et comment ils façonnent notre vie."

L'horloge de sable enseignait aux villageois que la vie n'était pas une succession d'événements, mais une collection de moments précieux, tous dignes d'être chéris.

Contes Philosophiques

****

Le conte "L'horloge de sable" souligne que chaque moment, qu'il soit grand ou petit, a le potentiel d'être significatif dans notre vie. L'horloge ne mesure pas le temps de manière linéaire, mais capture l'essence des instants qui façonnent notre existence. À travers les yeux d'Idris, nous découvrons que la valeur d'un moment ne réside pas dans sa grandeur, mais dans son impact émotionnel et sa capacité à nous faire grandir. La vie est une mosaïque de ces moments, et chacun mérite notre attention et notre reconnaissance.

20 - Le vieux chêne et l'hiver

Au bord d'un lac tranquille, un vieux chêne majestueux se dressait depuis des siècles. Ses branches puissantes avaient vu défiler de nombreuses saisons, mais l'hiver, avec sa froideur mordante, était toujours une épreuve pour lui.

Chaque automne, alors que ses feuilles commençaient à tomber, les jeunes arbres du voisinage se moquaient de lui. "Regarde le vieux chêne", disaient-ils, "il perd encore ses feuilles. Il ne résistera sûrement pas à un autre hiver."

Mais à chaque fois, le chêne répondait avec sagesse : "L'hiver est un temps de repos, un moment pour me renouveler. En perdant mes feuilles, je conserve mon énergie pour affronter le froid. Et chaque printemps, je reviens plus fort."L'hiver arriva, rude et impitoyable. Les jeunes arbres, avec leurs feuillages encore intacts, commencèrent à souffrir du poids de la neige accumulée. Beaucoup se brisèrent sous le fardeau. Mais le vieux chêne, sans ses feuilles, laissait simplement la neige glisser le long de ses branches robustes. Quand le printemps revint, le chêne était là, bourgeonnant et verdoyant, tandis que de nombreux jeunes arbres gisaient cassés. Les survivants, impressionnés, s'approchèrent du chêne pour comprendre son secret.

Il leur répondit : "Dans la vie, ce ne sont pas toujours les plus forts ou les plus jeunes qui survivent, mais ceux qui savent s'adapter et tirer des leçons de chaque saison."

****

Le conte "Le vieux chêne et l'hiver" nous rappelle la valeur de l'adaptabilité et de la sagesse acquise avec le temps. Le chêne, malgré son âge, sait comment faire face aux défis en tirant les leçons de chaque saison passée. Il enseigne que la résilience ne réside pas dans la pure force ou la jeunesse, mais dans la capacité à évoluer et à apprendre. Face aux adversités, ceux qui observent, comprennent et s'adaptent sont les plus susceptibles de prospérer. La sagesse est une force en soi.

Chapitre 6 : Le Destin

Les stoïciens croient en l'acceptation du destin tout en faisant de leur mieux. Cette section illustre comment embrasser le destin peut nous donner la paix.

21 - Le tisserand et sa toile

Dans un petit village niché entre deux montagnes, vivait Elion, un tisserand renommé pour ses toiles exquises. Chaque tissu qu'il produisait semblait raconter une histoire, un mélange vibrant de couleurs et de motifs.
Un jour, une jeune fille du nom de Lysa vint le voir, tenant dans ses mains un vieux morceau de tissu déchiré et usé. "Peux-tu réparer ceci ?" demanda-t-elle timidement. Elion observa le tissu et y vit non seulement

les déchirures, mais aussi les souvenirs et les émotions qu'il portait. Au lieu de simplement réparer le tissu, Elion entreprit de tisser une nouvelle toile, incorporant le vieux morceau en son centre. Il passa des jours à travailler, mêlant les fils avec délicatesse, patience et passion. Quand Lysa revint, elle fut émerveillée par la beauté de la nouvelle création. Le vieux tissu, autrefois déchiré et usé, était maintenant entouré de motifs lumineux et de couleurs éclatantes, renforçant son charme et sa valeur.

Elion lui dit : "Dans la vie, comme dans le tissage, les imperfections et les blessures peuvent être intégrées dans un tableau plus grand. Ce n'est pas en effaçant ou en oubliant nos cicatrices que nous avançons, mais en les embrassant et en les transformant en partie d'une histoire plus riche. Lysa partit avec la toile, portant en elle la leçon du tisserand : chaque épreuve, chaque déchirure peut être le début d'une nouvelle trame, d'un nouveau chapitre, si nous savons comment la tisser.

****

"Le tisserand et sa toile" nous enseigne que nos blessures , loin d'être de simples marques de faiblesse, peuvent être transformées et intégrées dans un récit plus grand. Elion, par son art, montre que l'acceptation des épreuves enrichissent notre histoire. Les cicatrices, physiques ou émotionnelles, peuvent devenir les points forts de notre trame de vie lorsqu'elles sont vues sous un nouvel angle, avec créativité et résilience.

22 - Les traces dans le sable

Sur une plage déserte, au crépuscule, un vieil homme marchait lentement, laissant derrière lui une série de pas dans le sable fin. Près de lui, un jeune garçon observait les vagues effacer peu à peu ces empreintes.
"Pourquoi marches-tu si soigneusement si la mer efface tout ?" demanda le garçon.
Le vieil homme s'arrêta et, avec un sourire, répondit : "Même si la mer efface mes pas, le moment où j'ai marché, où j'ai ressenti le sable sous mes pieds, reste à jamais en moi. Les traces que nous laissons ne sont pas seulement pour le monde à voir, mais pour nous rappeler chaque instant vécu."
La nuit tomba, et le duo poursuivit sa marche. Plus tard, alors qu'ils s'éloignaient de la plage, le garçon réalisa que même si leurs empreintes étaient éphémères, les leçons qu'il avait apprises ce soir-là resteraient avec lui pour toujours.
"Les traces que nous laissons dans le cœur des autres", murmura le vieil homme comme s'il lisait les pensées du garçon, "sont les plus indélébiles de toutes."

Contes Philosophiques

****

"Les traces dans le sable" illustre la nature éphémère des actions visibles et tangibles, tout en mettant en avant leur impact durable sur notre être intérieur. Même si les marques extérieures disparaissent, les expériences et les leçons qu'elles représentent restent gravées en nous. Le vieil homme souligne que l'importance réside moins dans la trace physique que dans l'empreinte émotionnelle. L'impact le plus profond que nous laissons est souvent dans les cœurs et les esprits de ceux que nous rencontrons.

23 - Le marin et la boussole

Dans un port animé, au milieu de navires et de voiles colorées, vivait Marin, un navigateur réputé pour ses voyages audacieux. Malgré les technologies émergentes, Marin avait toujours une confiance inébranlable en une chose : sa vieille boussole. Un jour, un jeune navigateur curieux lui demanda : "Pourquoi tiens-tu tant à cette boussole alors que nous avons des instruments modernes bien plus précis ?" Marin sourit et répondit : "Cette boussole m'a été léguée par mon grand-père. À chaque voyage, même dans la tempête la plus violente, elle a toujours pointé le Nord. Elle ne m'a jamais trahi." Le jeune homme rit légèrement. "Mais le monde change, et nous avons de meilleurs outils maintenant." Marin acquiesça. "C'est vrai. Mais cette boussole m'enseigne quelque chose d'essentiel. Peu importe les distractions ou les tempêtes de la vie, nous avons tous besoin de trouver notre propre 'Nord', notre guide intérieur qui ne nous trompe jamais." Quelques années plus tard, lors d'une tempête imprévue, les instruments modernes du jeune navigateur tombèrent en panne. Il se souvint alors des paroles de Marin et chercha sa propre boussole intérieure pour le guider à travers la tourmente. À la fin de la tempête, le jeune homme sut qu'il avait trouvé son propre "Nord", une conviction interne sur laquelle s'appuyer, indépendamment des outils ou des circonstances extérieures.

****

"Le marin et la boussole" met en lumière l'importance de la constance et de la confiance en soi face aux changements et aux adversités. Si les outils évoluent, il est essentiel d'avoir un guide intérieur, un "Nord", sur lequel s'appuyer. Marin illustre que la vraie direction vient souvent de nos convictions profondes, indépendamment des distractions extérieures. La sagesse réside dans la capacité à discerner l'éternel au milieu de l'éphémère.

24 - Le jeu d'échecs cosmique

Au sommet d'une montagne sacrée, deux êtres divins, Lumina et Obscura, étaient assis face à face, un échiquier entre eux. Chaque pièce était façonnée comme une étoile, une planète, ou un élément de la nature. Le jeu reflétait les mouvements et les cycles du cosmos.
Chaque déplacement de pièce avait une répercussion dans l'univers : une étoile naissait, une planète changeait d'orbite, un océan changeait de marée. Mais le jeu n'était jamais une compétition; il s'agissait plutôt d'un équilibre, d'une danse entre la lumière et l'obscurité.
Un jour, un moine ascète gravit la montagne et observa le jeu pendant des jours et des nuits. Intrigué, il demanda finalement : "Qui gagne à la fin?"
Lumina et Obscura levèrent les yeux, leurs regards remplis d'infini, et répondirent d'une seule voix : "La question n'est pas de gagner ou de perdre. Chaque mouvement, chaque action, a une conséquence et un but. Le véritable jeu est de comprendre l'harmonie qui existe entre chaque pièce, chaque décision." Le moine, illuminé par cette révélation, redescendit la montagne avec une nouvelle compréhension du monde : la vie n'est pas une série d'affrontements, mais une symphonie d'actions interdépendantes, où chaque note, chaque geste, joue un rôle essentiel dans le grand orchestre cosmique.

****

"Le jeu d'échecs cosmique" illustre l'idée que l'univers est un ensemble harmonieux d'interactions, plutôt qu'une compétition sans fin. Lumina et Obscura jouent non pour gagner, mais pour maintenir l'équilibre. Le conte enseigne que chaque action, aussi minime soit-elle, a un impact sur le grand tableau. La sagesse réside dans la compréhension de l'interdépendance de tout, et que la véritable victoire est de reconnaître et d'embrasser cette harmonie universelle.

Chapitre 7 : Le Désir

Le stoïcisme enseigne que le désir non maîtrisé peut être source de souffrance. Ces contes explorent comment modérer nos désirs pour une vie plus équilibrée.

****

25 - Le vase vide

Dans un ancien village lointain, il y avait un potier renommé pour ses vases magnifiques. Les gens venaient de partout pour admirer et acheter ses créations. Un jour, un sage voyageur arriva dans le village et demanda au potier de lui montrer son vase le plus précieux.
Le potier, un peu surpris, apporta un vase simple, sans motifs ni ornements. "Voici mon trésor le plus précieux," dit-il en le présentant. Le voyageur examina le vase et remarqua qu'il était complètement vide. "Pourquoi considérez-vous ce vase vide comme votre plus grande réalisation ?" demanda-t-il, intrigué. Le potier sourit et répondit : "La beauté de ce vase ne réside pas dans sa forme ou sa couleur, mais dans son vide. Il est ouvert à tout. Il peut contenir l'eau pour étancher la soif, des fleurs pour embellir un espace, ou même le vide lui-même, offrant ainsi la paix à celui qui le contemple. Sa véritable valeur réside dans sa capacité à être rempli

de n'importe quoi, tout en étant toujours ouvert et disponible." Le voyageur hocha la tête, comprenant la profondeur de la sagesse du potier. Il remercia le potier et partit, portant dans son cœur la leçon de la valeur de la simplicité, de l'ouverture et de la disponibilité.

****

Le "Vase vide" souligne la beauté et la puissance de la simplicité et de l'ouverture. La vraie valeur réside souvent dans la capacité d'être réceptif et adaptable, plutôt que dans les ornements extérieurs. La disponibilité et la flexibilité sont des trésors incomparables.

26 - La soif insatiable

Dans un royaume lointain, un roi était connu pour sa soif insatiable de richesse et de pouvoir. Il possédait des montagnes d'or, des terres à perte de vue et des armées inégalées, mais il en voulait toujours plus.

Un ermite, célèbre pour sa sagesse, arriva un jour au palais. Le roi, espérant acquérir encore plus de richesses ou de secrets, le reçut immédiatement. "Qu'as-tu à m'offrir ?" demanda le roi avec impatience.

L'ermite tendit un petit verre d'eau. "Bois ceci," dit-il. Le roi, perplexe, but l'eau, et aussitôt, sa soif s'intensifia mille fois. Il but des jarres d'eau, puis des lacs, mais rien ne pouvait étancher sa soif.

Terrifié, il supplia l'ermite : "Inverse ce sort ! Je donnerais tout ce que j'ai pour apaiser cette soif !"

L'ermite répondit : "La soif que tu ressens maintenant n'est que le reflet de ton désir incessant de pouvoir et de richesse. Pour la calmer, apprends à être content de ce que tu as."

Le roi comprit la leçon. Il passa le reste de ses jours à distribuer sa richesse, à faire la paix avec ses voisins et à chercher la satisfaction dans la simplicité et la gratitude.

Contes Philosophiques

****

"La soif insatiable" illustre la dangerosité de la cupidité non maîtrisée. Le roi, malgré ses vastes richesses, est prisonnier de ses désirs insatiables, symbolisés par sa soif exacerbée. L'ermite, par son intervention, offre une leçon directe et tangible sur l'importance de la modération et de la gratitude. Le bonheur véritable ne se trouve pas dans la possession excessive, mais dans la capacité à apprécier et à être satisfait de ce que l'on a. L'histoire nous rappelle que l'avidité peut nous consumer de l'intérieur et que la vraie richesse se trouve dans la simplicité et le contentement.

27 - Les chaînes en or

Dans une cité prospère, vivait un homme nommé Elion, célèbre pour ses chaînes en or étincelantes qu'il portait toujours autour de son cou, de ses poignets et de ses chevilles. Ces chaînes étaient si précieuses que les gens venaient de loin pour les admirer. Elion se pavanait, prenant fierté à montrer ses richesses.

Un jour, un sage de passage dans la cité observa Elion et dit: "Ces chaînes que tu portes, bien que faites d'or, ne sont-elles pas aussi lourdes que celles en fer?"

Elion rit d'abord de cette remarque, mais la nuit venue, il ressentit le poids de ses chaînes. Il tenta de les retirer, mais elles semblaient s'être fusionnées à sa peau.

Il chercha le sage le lendemain, avouant sa détresse. Le sage répondit: "Les chaînes que tu portes symbolisent ton attachement aux richesses matérielles. Pour t'en libérer, tu dois détacher ton cœur de ce qui est éphémère."

Avec du temps et de la réflexion, Elion apprit à valoriser les richesses immatérielles de la vie. Peu à peu, les chaînes s'estompèrent, laissant Elion libre et allégé.

****

"Les chaînes en or" mettent en évidence la servitude que peuvent créer les richesses matérielles. Elion, malgré la valeur de ses chaînes, se trouve prisonnier de son attachement aux biens matériels. Le conte souligne l'importance de la liberté intérieure et rappelle que la véritable richesse ne se mesure pas à ce que l'on possède, mais à ce que l'on est capable de lâcher prise. La libération vient de la reconnaissance des vraies valeurs de la vie.

28 - La chandelle et le papillon

Au cœur d'une nuit étoilée, une chandelle brûlait solennellement sur le rebord d'une fenêtre. Sa lumière dansante attira un papillon éperdu, à la recherche de clarté dans l'obscurité.

Le papillon, ébloui par la lueur de la chandelle, s'y aventura de plus en plus près, fasciné par son éclat. La chandelle, voyant le papillon s'approcher dangereusement, murmura : "Papillon gracieux, ma lumière t'attire, mais ma flamme peut te consumer."

Sans écouter, le papillon s'approcha encore, ses ailes frôlant presque la flamme. "Pourquoi risques-tu tout pour une simple lumière ?", demanda la chandelle.

Le papillon répondit : "Dans ton éclat, je trouve un sens, une direction. Même si cela m'est fatal, je suis attiré par ta luminescence."

La chandelle, émue par sa sincérité, dit : "Ton désir de lumière est noble, mais ne sacrifie pas ta vie pour une flamme éphémère. Trouve d'autres sources qui éclairent sans brûler."

Le papillon remercia la chandelle pour sa sagesse, s'éloignant avec une nouvelle perspective, cherchant des lumières qui brillent sans nuire.

****

Le conte "La chandelle et le papillon" illustre la quête de lumière et de sens dans la vie. Il souligne le danger d'être irrésistiblement attiré par des choses qui, bien que séduisantes, peuvent se révéler destructrices. La chandelle, symbole de connaissance et de sagesse, met en garde contre les sacrifices impulsifs. Elle invite à la prudence et à la recherche d'autres formes de lumière, celles qui éclairent l'âme sans causer de préjudice. La véritable illumination vient de la reconnaissance de ce qui enrichit la vie sans la compromettre.

Chapitre 8 : L'Endurance

Face à l'adversité, les stoïciens valorisent l'endurance et la persévérance. Cette section illustre la beauté de la résilience.

****

29 - Le voyage du désert

Au milieu d'un vaste désert, Samir, un voyageur solitaire, cherchait un chemin vers une oasis légendaire dont il avait entendu parler dans les contes de son enfance. Armé de sa gourde, d'une boussole et de sa détermination, il marcha jour après jour sous le soleil brûlant, ses pieds s'enfonçant dans le sable chaud à chaque pas.

Un jour, alors que le désespoir commençait à s'installer, il rencontra un vieil homme assis à l'ombre d'un arbre solitaire. "Je cherche l'oasis", avoua Samir, "mais chaque dune ressemble à la précédente et je me sens perdu."

Le vieillard, fixant l'horizon, répondit : "L'oasis que tu cherches n'est pas un lieu, mais un état d'esprit. Le désert teste ta persévérance, ta foi et ton désir de trouver ce qui est essentiel."

Samir, intrigué, demanda : "Alors, comment trouverai-je cette oasis intérieure ?"

Le vieil homme sourit : "En comprenant que le voyage lui-même est l'oasis. Chaque pas, chaque épreuve, chaque moment de doute te rapproche de toi-même. Ce n'est pas la destination, mais le voyage qui compte." Réalisant la sagesse de ces mots, Samir reprit sa route avec une perspective renouvelée, comprenant que le véritable voyage était celui de la découverte de soi.

****

"Le voyage du désert" nous enseigne que la quête de sens et de bonheur ne réside pas toujours dans une destination tangible, mais plutôt dans le voyage lui-même. Les épreuves et les défis rencontrés en cours de route façonnent notre caractère et notre compréhension. Le véritable trésor est la découverte de soi et la prise de conscience que le processus et la persévérance sont souvent plus précieux que l'objectif final.

30 - La forge de l'âme

Dans un petit village niché entre deux montagnes, vivait Adil, un forgeron reconnu pour ses épées inégalées, si bien qu'on venait de loin pour les acquérir. Chaque lame était unique, trempée dans des eaux spéciales et forgée à la perfection.

Un jour, un jeune homme, Idris, vint à la forge, non pas pour une épée, mais pour un conseil. "Maître, pourquoi vos épées sont-elles si spéciales ?", demanda-t-il.

Adil prit une barre de fer brut et la plaça dans le feu. "Regarde, Idris. Ce fer, comme l'âme humaine, est brut et imparfait. Mais sous la chaleur de la forge et les coups du marteau, il est façonné, trempé, puis refroidi. C'est ce processus, fait de douleurs et de défis, qui le transforme en une lame tranchante et résistante."

Idris, absorbé par les paroles du forgeron, demanda : "Alors, notre douleur et nos épreuves sont nécessaires?"

Adil hocha la tête. "Tout comme le fer doit passer par le feu pour révéler sa véritable essence, l'âme humaine doit traverser les épreuves de la vie pour se découvrir et se renforcer. Ce n'est que par la confrontation à la douleur et aux défis que nous réalisons notre véritable potentiel."

Inspiré par cette leçon, Idris repartit du village avec une compréhension profonde de la nécessité des épreuves dans la formation du caractère et de la force intérieure.

****

"La forge de l'âme" met en lumière la manière dont les défis et les épreuves façonnent et renforcent notre caractère, tout comme le fer est transformé en une épée solide sous le marteau du forgeron. Le conte nous rappelle que la douleur et les obstacles, bien que difficiles à affronter, sont essentiels à notre croissance personnelle. Ils nous permettent de découvrir notre véritable potentiel et de renforcer notre résilience face aux adversités futures. La transformation intérieure, comme la forge, nécessite du temps, de la patience et de l'endurance.

31 - Le rocher et les vagues

Sur une côte battue par les vents, un rocher majestueux se dressait, solide et inébranlable. Depuis des générations, il était là, observant le cycle incessant des marées, des tempêtes et du calme. Les vagues, jour après jour, s'écrasaient contre lui, cherchant à l'éroder, à le réduire en poussière.

Là, où d'autres auraient cédé, le rocher restait fermement ancré, malgré la force et la constance des assauts de l'océan. Un jour, une petite vague, plus curieuse que les autres, demanda au rocher : "N'as-tu jamais eu envie de céder ? De te laisser emporter par notre force collective ?"

Le rocher répondit calmement : "Chaque vague qui me frappe renforce ma résolution et mon caractère. Vous, les vagues, m'apprenez la patience, la persévérance et la force intérieure. Même si vous tentez constamment de m'affaiblir, en réalité, vous me renforcez jour après jour."

La petite vague, impressionnée, repartit en emportant avec elle cette précieuse leçon : la constante confrontation aux défis, plutôt que de nous affaiblir, peut nous rendre plus forts, si nous choisissons de voir ces épreuves comme des opportunités de croissance.

****

"Le rocher et les vagues" illustre la puissance de la résilience face aux défis constants. Tout comme le rocher reste inébranlable face aux assauts incessants de l'océan, notre esprit peut se renforcer face aux épreuves de la vie. Les adversités, bien qu'elles semblent vouloir nous éroder, peuvent en réalité affiner et consolider notre caractère. En adoptant une perspective de croissance, nous apprenons à voir les défis comme des opportunités d'apprentissage. La patience, la persévérance et la force intérieure sont les fruits de cette confrontation répétée à l'adversité. Chaque épreuve, plutôt que de nous diminuer, a le potentiel de nous élever.

32 - La lanterne dans la nuit

Dans un petit village lointain, lors d'une nuit d'encre, sans lune ni étoiles, une panne d'électricité plongea les habitants dans l'obscurité la plus totale. Les rues étaient silencieuses, les maisons sombres, et une inquiétude palpable planait dans l'air.

Parmi les villageois, une vieille femme, Madeline, sortit de chez elle avec une petite lanterne à la main. La lueur douce et vacillante de la lanterne éclairait son chemin et dessinait des ombres dansantes sur les murs des maisons. Voyant cela, un à un, les autres habitants commencèrent à allumer leurs propres lanternes, illuminant le village d'une myriade de petites flammes.

Un jeune garçon s'approcha de Madeline et lui demanda : "Pourquoi avez-vous allumé votre lanterne alors que tout semblait si désespéré ?"

Avec un sourire, elle répondit : "Mon enfant, même dans l'obscurité la plus profonde, une petite lumière peut faire une grande différence. Et quand chacun de nous choisit de partager sa lumière, même minuscule, l'obscurité est vaincue."

Au moment où l'aube commença à pointer, un sentiment d'unité et de solidarité avait remplacé la peur initiale. Les villageois avaient non seulement survécu à la nuit, mais ils l'avaient transformée en une célébration mémorable.

Contes Philosophiques

****

Le conte "La lanterne dans la nuit" souligne la capacité de l'espoir et de la solidarité à surmonter l'obscurité et le désespoir. Même la plus petite des lueurs peut fendre la nuit la plus sombre, et lorsque chacun partage sa propre lumière, le monde devient plus clair. L'histoire rappelle l'importance de l'unité et de la communauté face aux épreuves, et comment l'adversité peut être transformée en opportunité de renforcement des liens et de célébration de la vie.

Chapitre 9 : La Perception

Le stoïcisme souligne l'importance de notre perception des événements. Ces contes mettent en évidence comment notre perspective peut influencer notre expérience de la vie.

****
33 - Les lunettes colorées

Dans la ville de Luminara, il existait une boutique unique en son genre : celle de Maître Vidal, l'opticien. Au lieu de vendre des lunettes ordinaires, il proposait des lunettes colorées. Chaque couleur, disait-il, permettait de voir le monde sous un angle différent.
Un jour, une jeune fille nommée Clara entra dans la boutique. Elle se sentait morose et espérait que les lunettes de Maître Vidal pourraient changer sa perspective. L'opticien lui tendit une paire de lunettes roses. À travers elles, le monde apparaissait joyeux et harmonieux. Les problèmes de Clara semblaient s'évanouir et elle voyait la beauté en chaque chose. Cependant, avec le temps, Clara réalisa qu'elle manquait certains détails. Elle retourna chez l'opticien et essaya une paire de lunettes bleues. Cette fois-ci, elle perçut le monde d'une manière plus mélancolique et profonde.

Elle comprit les sentiments des autres et ressentit une plus grande empathie. Des mois passèrent, et Clara essaya plusieurs autres couleurs. Chaque paire de lunettes lui révélait une facette différente de la réalité. Finalement, elle opta pour des lunettes sans couleur, car elle voulait voir le monde tel qu'il est, avec toutes ses nuances. "Chaque couleur a sa vérité", lui dit Maître Vidal en souriant, "mais c'est en combinant toutes ces vérités que l'on voit le tableau complet."

****

"Les lunettes colorées" illustrent comment nos perceptions influencent notre expérience du monde. Chaque couleur représente une perspective unique, offrant une vision biaisée de la réalité. La jeune Clara apprend l'importance d'embrasser de multiples points de vue pour obtenir une compréhension complète et nuancée de la vie. En fin de compte, la clarté et la vérité résident dans l'acceptation de la complexité du monde.

34 - L'écho de la montagne

Dans un village niché entre deux montagnes majestueuses, un jeune garçon nommé Theo avait pour habitude de grimper au sommet chaque matin pour crier ses espoirs, ses peurs et ses secrets. Chaque fois, la montagne lui renvoyait un écho fidèle.

Un jour, alors que Theo se sentait particulièrement découragé, il hurla : "Pourquoi suis-je si seul?" L'écho répondit : "Pourquoi suis-je si seul?" Les mots répétés semblaient amplifier sa solitude. Un sage du village, ayant observé la routine de Theo depuis un certain temps, s'approcha de lui. "Ce que tu dis à la montagne, elle te le renverra toujours. C'est sa nature. Au lieu de crier ta solitude, pourquoi ne pas exprimer ta gratitude ou ton espoir d'amitié?" Le lendemain, Theo se leva et cria : "Merci pour cette nouvelle journée !" et l'écho répondit : "Merci pour cette nouvelle journée !" Le jeune garçon sourit, sentant une chaleur intérieure. Les jours suivants, il commença à partager des mots positifs et bienveillants, et à chaque fois, l'écho lui renvoyait ces sentiments amplifiés. Avec le temps, les habitants du village, intrigués par ce changement, commencèrent à rejoindre Theo sur la montagne, et bientôt, le sommet résonna des voix joyeuses de tout le village. L'écho de la montagne ne cessait de propager amour, gratitude et espoir.

∗∗∗∗∗∗∗∗∗∗∗

Le conte "L'écho de la montagne" nous enseigne que les sentiments et les paroles de Theo, qu'ils soient positifs ou négatifs, lui sont renvoyés amplifiés par l'écho, tout comme nos actions et nos intentions peuvent être reflétées dans nos expériences et nos interactions avec les autres. Le sage introduit l'idée que si nous choisissons de mettre en avant la gratitude, l'optimisme et la bienveillance, nous pourrions recevoir en retour une énergie positive et transformatrice. Le conte nous rappelle l'importance de notre attitude et de notre perspective, et comment elles influencent notre réalité et celle de ceux qui nous entourent.

35 - Le miroir de l'eau

Au cœur d'une forêt luxuriante se trouvait un étang d'une clarté exceptionnelle. Les animaux venaient des quatre coins pour admirer leur reflet dans son eau limpide. C'était un spectacle fascinant : l'étang reflétait fidèlement la beauté de chaque créature, qu'il s'agisse de la grâce d'une biche ou de la puissance d'un lion.

Un jour, un corbeau qui avait toujours été complexé par la couleur sombre de ses plumes décida de visiter l'étang. Il s'attendait à voir un reflet laid et terne. Mais à sa grande surprise, l'eau lui renvoya l'image d'un oiseau majestueux, dont les plumes noires brillaient sous les rayons du soleil. Le corbeau était ébloui par sa propre beauté, une beauté qu'il n'avait jamais remarquée auparavant. Un vieux cerf, ayant observé la scène, s'approcha du corbeau et lui dit : "Ce que tu vois dans l'eau n'est pas un simple reflet. L'étang ne montre pas seulement notre apparence extérieure, mais révèle aussi la beauté intérieure que chacun porte en soi."

Avec le temps, l'étang devint un lieu de pèlerinage pour les créatures en quête de confiance et d'acceptation de soi. Elles y découvraient non seulement leur beauté extérieure, mais aussi les qualités intérieures qui les rendaient uniques et précieuses.

Contes Philosophiques

****

Le conte "Le miroir de l'eau" nous enseigne que la véritable beauté réside autant en nous qu'à l'extérieur. Bien que le corbeau se soit jugé à partir de standards superficiels, l'étang lui a montré sa beauté intrinsèque, à la fois extérieure et intérieure. Ce conte nous rappelle que chaque être possède une valeur et une beauté qui vont au-delà des apparences. Les jugements que nous portons sur nous-mêmes sont souvent sévères et limités. En recherchant la reconnaissance et l'acceptation en dehors de nous, nous risquons de passer à côté de notre essence véritable. L'histoire souligne l'importance de l'auto-acceptation, de la confiance en soi et de la reconnaissance de sa propre valeur.

36 - La peinture inachevée

Dans un village niché entre deux montagnes, vivait une artiste renommée pour ses peintures extraordinaires. Un jour, elle commença une œuvre qu'elle voulait parfaite. Elle y consacra des jours, des semaines, puis des mois, ajoutant sans cesse des détails, cherchant la perfection à chaque coup de pinceau.

Mais à mesure que le temps passait, elle devenait de plus en plus insatisfaite. Elle ne pouvait jamais considérer son œuvre comme achevée, estimant qu'il y avait toujours quelque chose à améliorer. Finalement, découragée et épuisée, elle recouvrit la toile d'un drap blanc et la laissa dans un coin de son atelier.

Des années plus tard, un jeune artiste du village, ayant entendu parler de cette œuvre légendaire, rendit visite à l'artiste. Curieux, il souleva le drap pour révéler la peinture. Émerveillé par sa beauté et sa profondeur, il s'exclama : "C'est un chef-d'œuvre ! Pourquoi ne l'avez-vous jamais exposée ?"

La vieille artiste, les yeux humides, répondit : "J'étais tellement obsédée par la perfection que je n'ai pas réalisé que j'avais déjà créé une merveille. J'ai cherché la perfection au lieu d'apprécier la beauté de l'imperfection."

****

"La peinture inachevée" nous rappelle que la quête de la perfection peut nous empêcher d'apprécier la beauté de l'imperfection. L'artiste, en cherchant sans cesse à améliorer son œuvre, a perdu de vue sa valeur intrinsèque. La perfection est une illusion et la poursuite aveugle de celle-ci peut nous priver de reconnaître et de célébrer nos réalisations. Il est essentiel d'embrasser nos imperfections et de comprendre que ce sont elles qui ajoutent de la profondeur, du caractère et de l'unicité à notre travail et à notre vie. La vraie beauté réside souvent dans les imperfections et non dans une perfection inatteignable.

Chapitre 10 : La Liberté Intérieure

Malgré les circonstances extérieures, le stoïcisme enseigne que nous pouvons toujours avoir une liberté intérieure. Ces contes explorent cette idée de liberté intérieure.

****
37 - La cage dorée

Dans une ville prospère vivait un riche marchand qui possédait une magnifique cage dorée. À l'intérieur se trouvait un oiseau aux plumes éclatantes, chantant des mélodies enchanteresses. Chaque jour, des curieux se pressaient pour admirer cet oiseau unique et écouter sa voix mélodieuse. Mais un jour, un sage de passage demanda au marchand : "Votre oiseau est-il heureux dans cette cage dorée ?" Le marchand, surpris, répondit : "Pourquoi ne le serait-il pas ? Il a la plus belle des cages et reçoit tout ce qu'il désire." Le sage, fixant l'oiseau, dit : "Peut-être que cette cage dorée est en réalité une prison pour lui. Avez-vous déjà vu un oiseau en liberté ? Il vole où bon lui semble, chante non pas parce qu'on le lui demande, mais parce qu'il ressent le besoin de s'exprimer."

Après ces mots, le marchand observa l'oiseau avec un regard neuf. Il ouvrit la porte de la cage. L'oiseau hésita un moment, puis s'envola vers le ciel ouvert, chantant plus librement et joyeusement que jamais. Le marchand comprit alors que la vraie richesse n'était pas dans la possession, mais dans la liberté et la capacité à partager et à vivre en harmonie avec les autres. La cage dorée fut transformée en un jardin ouvert où les oiseaux venaient et partaient à leur guise, faisant de la demeure du marchand un havre de paix et de mélodies.

****

La vraie richesse ne réside pas dans ce que l'on possède, mais dans la liberté et l'harmonie partagée. Enfermer la beauté et le talent pour son propre plaisir peut priver l'âme de sa véritable essence. En offrant la liberté, on invite non seulement la joie, mais aussi d'innombrables bénédictions. La possession peut parfois être une prison dorée qui limite le véritable épanouissement.

38 - Les ailes brisées

Il était une fois, au sommet d'une montagne escarpée, un aigle solitaire qui régnait en maître sur les cieux. Depuis sa plus tendre enfance, il avait appris à chasser, à naviguer entre les nuages et à danser avec le vent. Ses ailes puissantes lui avaient toujours permis de voler plus haut que tout autre oiseau.

Un jour, lors d'une violente tempête, une rafale emporta l'aigle et le précipita contre une falaise rocheuse. Ses ailes furent brisées. Incapable de voler, il tomba dans une vallée en contrebas. D'abord résigné à son sort, il passa ses journées à contempler le ciel, se remémorant ses vols majestueux. Cependant, avec le temps, il commença à observer la nature autour de lui : les fourmis qui travaillaient sans relâche, les fleurs qui s'épanouissaient après la pluie, et les rivières qui coulaient inlassablement. Inspiré par la persévérance de la nature, l'aigle décida qu'il ne pouvait pas abandonner. Il tenta d'abord de réparer ses ailes avec des brindilles et des feuilles, mais sans succès. Puis, il commença à s'exercer chaque jour, renforçant ses muscles, étirant ses ailes endommagées et apprenant à marcher, à courir, puis à sauter. Un matin, après des mois d'effort, alors que l'aigle s'élança depuis une petite colline, une brise légère le souleva et, à sa grande surprise, il se retrouva à planer. Ses ailes n'étaient pas totalement guéries, mais il avait appris à utiliser le vent à son avantage. Il comprit que même avec des ailes brisées, il pouvait toujours voler, différemment certes, mais tout aussi librement.

Le reste de sa vie, l'aigle vola à travers la vallée, enseignant aux jeunes oiseaux non seulement l'art du vol, mais aussi la résilience, la persévérance et la capacité d'adaptation face aux épreuves.

****

Face aux épreuves, la résilience et la persévérance sont essentielles. Même en présence d'obstacles insurmontables, il est possible de trouver de nouvelles façons de surmonter les défis. L'adaptabilité est une force, et les épreuves peuvent nous conduire à découvrir des facettes cachées de nous-mêmes. L'esprit indomptable transcende toutes les limitations.

39 - La clé du labyrinthe

Au cœur d'une ville antique, se dressait un labyrinthe mystérieux, connu de tous mais jamais exploré en entier. La légende racontait qu'au centre du labyrinthe se trouvait une porte d'or, derrière laquelle se cachait le secret du bonheur éternel. Beaucoup avaient tenté de trouver cette porte, mais aucun n'était jamais revenu.
Un jour, un jeune homme nommé Théo, poussé par une curiosité insatiable, décida de tenter l'aventure. Avant d'entrer, un vieil homme, assis à l'entrée depuis des décennies, lui tendit une petite clé rouillée en lui murmurant : "Le secret n'est pas de trouver la porte, mais de savoir l'ouvrir." Avec prudence, Théo progressa dans le labyrinthe, se fiant à son instinct et à la clé comme boussole. Il rencontra des impasses, des pièges et des illusions, mais chaque fois qu'il se sentait perdu, il fermait les yeux, tenait la clé serrée dans sa main et écoutait son cœur. La clé, par une chaleur douce, semblait lui indiquer le chemin. Après ce qui lui sembla être des jours, il parvint enfin à la porte d'or tant convoitée. Cependant, la serrure était étrange, changeante, reflétant ses peurs et ses désirs. Se souvenant des paroles du vieil homme, Théo ferma les yeux, se concentra sur ce qu'il ressentait vraiment et inséra la clé. La porte s'ouvrit sur une pièce simple avec un miroir. En se regardant, Théo comprit : le bonheur éternel n'était pas un trésor à chercher à l'extérieur, mais une réalisation intérieure.

La clé rouillée était un symbole de la connaissance de soi, et le labyrinthe, le chemin de la vie avec ses défis et ses énigmes. Riche de cette compréhension, Théo revint à l'entrée, remercia le vieil homme et décida de consacrer sa vie à enseigner aux autres la véritable signification de la clé et du labyrinthe.

****

Le voyage vers le bonheur est un périple intérieur, parsemé d'obstacles et d'illusions. La véritable clé réside dans la connaissance de soi et l'acceptation. La quête extérieure ne mène qu'à la découverte de vérités intérieures. Les réponses que nous cherchons sont souvent en nous-mêmes.

40 - Le ballon et le ciel

Dans un village paisible, tous les enfants jouaient avec des ballons colorés lors des festivités annuelles. Ces ballons, symboles de rêves et d'espoirs, étaient lâchés dans le ciel en fin de journée, portant les vœux des enfants. Sauf le ballon de Léa, qui restait toujours attaché à une corde qu'elle tenait fermement.

Les autres enfants se moquaient souvent d'elle : "Pourquoi ne laisses-tu pas ton ballon s'envoler comme nous ?" demandaient-ils. Léa répondait toujours : "Mon ballon a sa place dans le ciel, mais il n'est pas encore prêt." Année après année, alors que les ballons des autres enfants s'élevaient puis disparaissaient rapidement, celui de Léa restait à ses côtés, vibrant doucement dans le vent. Elle en prenait soin, le protégeant des intempéries, et le réparant quand il se dégonflait. Puis, un jour, après des années d'attente, Léa sentit que le moment était venu. Elle se dirigea vers le sommet de la colline la plus haute du village, et, sous le regard étonné de tous, elle lâcha la corde. Son ballon s'éleva majestueusement dans le ciel, brillant plus fort que les autres, et resta visible pendant des jours, rappelant à tous le village la beauté de la patience et de la persévérance. Alors que le ballon de Léa brillait dans le ciel, une ambiance de révérence s'installa dans le village.

Les anciens racontaient que dans les temps immémoriaux, un ballon qui restait dans le ciel pendant des jours était le signe d'une bénédiction et d'une grande sagesse. L'histoire du ballon de Léa devint une légende dans le village, enseignant aux générations futures la valeur de la patience, de la détermination et de l'écoute intérieure. Les festivités annuelles prirent une tournure différente, où chaque enfant apprenait à connaître son ballon, à prendre soin de lui, et à le lâcher seulement quand il était prêt.

****

De la patience et de la détermination émerge la véritable élévation. Tout comme le ballon de Léa, nos rêves nécessitent soins et maturité. L'écoute intérieure guide vers le bon moment pour agir. La sagesse se trouve dans le respect du temps et la connaissance de soi.

Chapitre 11 : La Sagesse

La quête de la sagesse est centrale au stoïcisme. Ces contes illustrent comment nous pouvons chercher la vérité et la compréhension.

****
41 - La bibliothèque oubliée

Au cœur d'une vieille ville endormie, cachée derrière une ruelle sinueuse, se trouvait une bibliothèque oubliée. Ses portes, à peine visibles sous la végétation envahissante, n'avaient pas été ouvertes depuis des décennies. Les habitants passaient à côté sans y prêter attention, trop préoccupés par le tumulte de la vie moderne. Un jour, un jeune homme nommé Elian, poussé par la curiosité, décida d'explorer ce lieu mystérieux. À l'intérieur, il découvrit une pièce immense, où des milliers de livres empoussiérés étaient empilés du sol au plafond. En feuilletant quelques-uns, Elian réalisa que chaque livre contenait les histoires, les rêves et les pensées des générations précédentes. Absorbé par cette richesse de savoir, Elian passa des jours, puis des semaines, à lire et à apprendre.

Il découvrit des récits de héros stoïques, des paraboles sur la résilience, et des traités sur la sagesse ancienne.

Il comprit que, malgré les évolutions technologiques, les leçons fondamentales de la vie restaient les mêmes. Inspiré, Elian décida de restaurer la bibliothèque. Avec l'aide des habitants, qui avaient commencé à prendre conscience de la valeur de ce trésor, la bibliothèque reprit vie. Les gens venaient de loin pour lire et partager leurs propres histoires, créant une communauté unie autour du savoir et de la sagesse. Ainsi, la bibliothèque oubliée devint un phare d'illumination pour la ville, rappelant à chacun l'importance des racines, de l'histoire et de la connaissance intemporelle. Elle enseignait que, bien que le monde change, il y a des vérités universelles qui, si elles sont chéries, peuvent éclairer le chemin de chacun.

****

La sagesse intemporelle et l'histoire sont des trésors souvent négligés, mais lorsqu'ils sont redécouverts, ils peuvent illuminer et unir une communauté entière.

42 - La fontaine de la vérité

Au centre d'une ville animée, une fontaine antique, connue sous le nom de "Fontaine de la Vérité", attirait la curiosité de tous. Selon la légende, celui qui boirait de son eau verrait sa vérité la plus profonde révélée. Un jour, un homme arrogant, voulant prouver sa bravoure et sa sincérité, s'avança devant la foule et but de l'eau. À sa grande surprise, il se mit à raconter tous ses mensonges et tromperies, faisant de lui la risée de tous.
De l'autre côté, une vieille femme, humble et discrète, approcha timidement la fontaine. Elle prit une gorgée et, au lieu de paroles, une douce mélodie s'éleva, rappelant à tous les moments de pure joie et d'amour qu'elle avait partagés avec eux tout au long de sa vie. La fontaine ne faisait pas de miracle; elle reflétait simplement la vérité du cœur de chacun. Certains étaient confrontés à la dure réalité de leurs actions, tandis que d'autres étaient bénis par la douceur de leurs souvenirs sincères. La ville comprit alors que la vérité est souvent un miroir de notre âme, révélant ce que nous choisissons d'y mettre. Des années passèrent, et la Fontaine de la Vérité devint le cœur spirituel de la ville. Les habitants commencèrent à former une tradition: à chaque seizième anniversaire, les jeunes étaient encouragés à boire de l'eau de la fontaine. C'était une étape de passage, une initiation à l'âge adulte où ils seraient confrontés à la vérité de leurs jeunes âmes.

Certains jeunes anticipaient ce moment avec enthousiasme, désireux de montrer leur pureté intérieure. D'autres appréhendaient ce jour, craignant que leurs petites fautes et leurs erreurs ne soient révélées devant la communauté. Mais avec le temps, la plupart des habitants se rendirent compte que ce n'était pas tant la vérité révélée qui importait, mais la façon dont on y répondait et ce qu'on en faisait par la suite.

****

La Fontaine de la Vérité révèle les profondeurs de l'âme, mettant en lumière nos ombres et nos lumières. L'étranger, en n'affichant aucune vérité cachée, enseigne aux habitants la puissance de l'acceptation de soi et de l'équilibre intérieur. Vivre en harmonie avec soi-même transcende le besoin de cacher ou de révéler, car la véritable sagesse réside dans la compréhension et l'embrassement de notre nature complexe.

43 - Le vieil homme et la mer

Dans un petit village côtier, un vieil homme nommé Caius pêchait tous les jours depuis l'aube jusqu'au crépuscule. Contrairement aux autres pêcheurs, il ne cherchait jamais à attraper le plus gros poisson ou le plus grand nombre de poissons. Il pêchait simplement ce dont il avait besoin pour vivre.

Un jour, un jeune homme curieux l'interrogea : "Pourquoi ne cherchez-vous pas à attraper plus de poissons pour gagner plus d'argent ou pour être reconnu comme le meilleur pêcheur du village ?" Caius sourit et répondit : "J'ai déjà été à votre place, jeune homme. Je cherchais autrefois la gloire et la richesse, mais la mer m'a enseigné une leçon précieuse. Elle m'a montré sa puissance infinie, sa beauté et ses mystères. Plus j'apprenais à la connaître, plus je me rendais compte que ce n'était pas la quantité de poissons que je ramenais qui comptait, mais la qualité du temps que je passais avec elle." Le vieil homme ajouta : "La mer, comme la vie, est pleine de défis et de surprises. Ce qui compte vraiment, ce n'est pas ce que nous prenons d'elle, mais ce que nous apprenons d'elle. Apprenez à écouter la mer, à ressentir son rythme, et elle vous révélera ses secrets."

Avec ces mots, le vieil homme lança à nouveau sa ligne, laissant le jeune homme méditer sur les sages paroles qu'il venait d'entendre.

Contes Philosophiques

****

Le vieil homme Caius nous enseigne que dans la quête de la vie, ce n'est pas toujours la quantité ou la gloire qui compte, mais la qualité des expériences et des moments vécus. La mer, métaphore de la vie, est imprévisible et pleine de leçons. Plutôt que de chercher à la dominer ou à en extraire le maximum, il est sage d'apprendre à la comprendre et à coexister avec elle. Ce qui a de la valeur, c'est le voyage lui-même et les enseignements qu'il apporte, pas nécessairement la destination.

44 - Les graines de la connaissance

À la lisière d'un petit village vivait un vieux sage, Alerion, réputé pour sa grande bibliothèque. Les enfants du village venaient souvent l'écouter raconter des histoires, mais plus encore, ils étaient fascinés par un petit sac qu'il portait toujours à sa ceinture.
"Ce sont des graines de la connaissance," leur avait-il dit un jour, en ouvrant le sac pour révéler d'innombrables petites graines brillantes. "Chaque graine plantée dans un esprit curieux grandit pour devenir une idée, une découverte ou une innovation." Un jour, une jeune fille, Lyria, lui demanda : "Puis-je avoir quelques graines ? Je veux en savoir plus et découvrir les mystères du monde."
Le sage sourit, "Ce n'est pas aussi simple. Tu ne peux pas simplement les planter et attendre. Tu dois les nourrir avec de la curiosité, de la patience et de la persévérance." Lyria prit les graines avec gratitude. Des années plus tard, elle devint une éminente chercheuse, voyageant à travers le monde et partageant ses découvertes. Et dans chaque village qu'elle visitait, elle distribuait des graines de la connaissance, perpétuant ainsi le legs du vieux sage. L'histoire rappelle que la connaissance n'est pas un bien passif qu'on peut simplement acquérir et stocker. Elle nécessite du dévouement, de la curiosité et une volonté de la cultiver. Chaque graine de connaissance a le potentiel de changer le monde, mais elle a besoin d'un esprit prêt à l'accueillir.

****

La connaissance est semblable à une graine qui requiert soin et curiosité pour grandir. Elle ne peut être simplement acquise et mise de côté, mais doit être nourrie et cultivée. Le dévouement et la persévérance sont essentiels pour que ces graines fleurissent. Dans chaque esprit curieux, ces graines peuvent mener à de grandes découvertes, enrichissant le monde entier.

Chapitre 12 : La Valeur de la Vie

En fin de compte, le stoïcisme enseigne l'appréciation de la vie elle-même. Cette section rappelle cette valeur intrinsèque.

****

45 - Le trésor caché

Au cœur d'un petit village paisible, les habitants parlaient d'une ancienne légende à propos d'un trésor caché quelque part dans la région. Tout le monde en parlait, mais personne ne l'avait jamais trouvé. Un jour, un jeune homme intrépide nommé Élias décida de partir à sa recherche. Armé d'une carte dessinée à la main et de quelques outils, il se mit en quête du trésor.

Il chercha en haut des montagnes, en bas des vallées, à travers des forêts épaisses et des grottes sombres. Des mois passèrent, et bien que la recherche fût difficile, Élias persévérait, convaincu que le trésor était à sa portée.

Un soir, alors qu'il creusait près d'un ancien chêne, Élias découvrit une petite boîte en bois. Son cœur bondit de joie. Il ouvrit la boîte pour découvrir, non pas de l'or ou des bijoux, mais un vieux livre. Le livre racontait l'histoire de la communauté et les sagesses ancestrales du village.

De retour au village avec le livre, Élias partagea ses découvertes. Les habitants se rassemblèrent pour écouter les contes et les leçons du livre. Ils comprirent alors que le véritable trésor n'était pas fait d'or, mais de connaissances et de sagesse qui renforçaient la communauté. Ainsi, Élias apprit que les trésors les plus précieux ne sont pas toujours ceux que l'on peut toucher ou voir, mais ceux qui enrichissent l'esprit et renforcent les liens entre les gens.

****

La quête de richesses matérielles peut souvent nous égarer de ce qui est véritablement précieux. La sagesse et la connaissance transcendent l'or et les bijoux. Les trésors immatériels, tels que les enseignements et les liens communautaires, ont une valeur inestimable. Les vraies richesses se trouvent dans ce qui enrichit l'esprit et unit les cœurs.

46 - Le diamant brut

Au cœur d'un village montagneux, un jeune homme pauvre découvrit un jour une pierre étrange, d'apparence assez ordinaire, mais avec une lueur particulière. Ignorant sa valeur, il l'utilisa comme leste pour sa fronde.

Un jour, un joaillier de passage le remarqua. Étonné, il dit au jeune homme : "Sais-tu ce que tu possèdes? C'est un diamant brut d'une grande rareté !" Avec patience, le joaillier tailla la pierre, révélant ainsi son éclat véritable.

Le village fut stupéfait de voir comment quelque chose d'apparence si ordinaire cachait une telle beauté. Le jeune homme, quant à lui, apprit que chaque être, indépendamment de son apparence extérieure, recèle un potentiel précieux, attendant simplement d'être découvert et poli.

Le jeune homme, réalisant la richesse qu'il avait entre les mains, fut tenté de la vendre pour mener une vie aisée. Mais à chaque offre, il se rappelait les paroles du joaillier sur le potentiel caché et la beauté intérieure.

Au lieu de cela, il décida de construire un musée dans son village, où le diamant serait exposé comme un rappel à tous de la valeur cachée en chacun d'eux. Avec le temps, le village devint un lieu de pèlerinage pour ceux en quête de compréhension et d'inspiration.

Des années plus tard, le jeune homme, désormais vieux sage, racontait souvent l'histoire du diamant brut à de jeunes écoutants, soulignant l'importance de reconnaître et de chérir la lumière intérieure présente en chaque individu, même si elle peut être temporairement cachée.

****

Le diamant brut nous rappelle que chaque individu possède une valeur inestimable et un potentiel caché à l'intérieur. Bien que cette essence puisse être enfouie ou ignorée, avec le bon regard et la persévérance, elle peut être révélée et admirée. Il est essentiel de reconnaître et de cultiver cette lumière intérieure, plutôt que de se précipiter vers des gains matérialistes éphémères.

47 - La mélodie de la vie

Dans un village niché entre deux montagnes, vivait un musicien talentueux nommé Elion. Depuis sa tendre enfance, il avait le don de jouer de n'importe quel instrument avec une aisance déconcertante. Cependant, malgré son talent, il ressentait un vide dans son cœur. Aucune de ses compositions ne reflétait la véritable mélodie de la vie qu'il cherchait tant à exprimer.

Un jour, une vieille sage, entendit Elion jouer et discerna son désarroi. Elle s'approcha et lui dit : "Pour entendre la mélodie de la vie, tu dois écouter le silence entre les notes, tout comme il faut apprécier les moments de calme entre les tempêtes de la vie." Elion, intrigué, décida de s'isoler pendant plusieurs jours, écoutant le silence, les battements de son cœur, le souffle du vent, et les murmures de la nature. Il réalisa que la vraie mélodie de la vie n'était pas dans la complexité, mais dans la simplicité et l'harmonie des moments présents.

Quand il revint au village, il joua une composition qui émut profondément chaque âme présente. Ce n'était pas la technicité qui impressionnait, mais la sincérité et la vérité de sa musique. Il avait découvert que la mélodie de la vie réside non pas dans la quête incessante de la perfection, mais dans l'acceptation et l'appréciation de chaque instant tel qu'il est.

Contes Philosophiques

****

La véritable essence de la vie ne réside pas dans la complexité ou la perfection, mais dans la simplicité et l'harmonie des moments présents. Comme le silence entre les notes est essentiel en musique, les moments de calme dans nos vies sont précieux. Il est crucial d'apprécier chaque instant et de reconnaître la beauté dans l'ordinaire. L'authenticité et la sincérité touchent plus profondément que la pure technicité.

48 - Le banquet des dieux

Au sommet du mont Olympe, les dieux décidèrent de tenir un banquet pour célébrer l'équinoxe. Chacun était invité à apporter un cadeau pour l'humanité, quelque chose qui aiderait les mortels à mieux naviguer dans les défis de la vie.

Aphrodite apporta l'amour, tandis qu'Arès offrit le courage. Déméter présenta l'abondance et la nourriture, et Hermès, la communication et la connaissance. Mais lorsque ce fut au tour de Socrate, qui avait été exceptionnellement invité par Zeus lui-même, il arriva les mains vides. Les dieux le regardèrent avec étonnement. "Qu'apportez-vous pour les humains?", demanda Zeus.

Socrate répondit : "J'apporte le questionnement. Car sans questions, l'amour serait aveugle, le courage serait imprudent, l'abondance serait gaspillée, et la connaissance serait acceptée sans discernement."

Un murmure parcourut l'assemblée. Zeus sourit et dit: "En effet, c'est un don précieux. Les questions conduisent à la sagesse, et la sagesse est la clé d'une vie bien vécue." Le banquet continua, mais tous les dieux comprirent ce jour-là que ce n'était pas la grandeur des dons qui importait, mais leur application judicieuse par ceux qui les recevaient.

Contes Philosophiques

****

Le don le plus précieux n'est pas toujours le plus éclatant. Questionner et réfléchir est essentiel pour utiliser judicieusement les ressources et les talents que nous possédons. Sans discernement, les plus grands dons peuvent être gaspillés ou mal utilisés. La sagesse réside dans la capacité à questionner et à apprécier la valeur profonde de chaque cadeau reçu. La véritable richesse se trouve dans la compréhension et l'application judicieuse de nos ressources.

Chapitre 13 : Réflexions Finales

La dernière page du livre

En refermant ce livre, vous aurz parcouru des paysages de l'esprit, des leçons de vie incarnées dans la nature, les objets, les animaux et les interactions humaines. Chaque conte a été une fenêtre sur la profondeur des enseignements stoïciens, soulignant la constance, la sagesse, la résilience, et la recherche de la vérité.

La philosophie stoïcienne nous rappelle que, dans l'immensité du cosmos, nous sommes des êtres éphémères. Pourtant, dans cette brièveté, nous avons le pouvoir de donner un sens à notre existence, de choisir comment nous réagissons aux épreuves, et de décider quel héritage nous souhaitons laisser.

Les contes que vous avez lus ne sont pas seulement des histoires ; ce sont des invitations. Invitations à regarder en vous-même, à interroger vos croyances, à aiguiser votre discernement et à renforcer votre caractère. Ils sont des miroirs de votre propre voyage à travers la vie.

Alors que vous tournez cette dernière page, rappelez-vous que le voyage ne se termine jamais vraiment. La sagesse est un processus continu, une quête sans fin. Emportez ces contes avec vous, méditez sur eux, revenez-y, et découvrez à chaque fois de nouvelles perspectives.

Que chaque jour soit une opportunité de croissance, d'apprentissage et de réflexion. Que chaque défi soit une chance de démontrer votre force intérieure et votre résilience. Et que chaque conte lu ici illumine votre chemin et guide vos pas.

La vie est le plus grand des contes, et vous en êtes le principal narrateur. Écrivez-le avec sagesse, courage et amour.

Le silence après la tempête

La tempête est un spectacle puissant de la nature, déchaînant sa force avec une violence qui peut sembler impitoyable. Les éclairs zèbrent le ciel, les tonnerres grondent, faisant trembler la terre, et les vents hurlent, emportant tout sur leur passage. Mais une fois la fureur apaisée, un silence profond s'installe, presque mystique. Ce silence est révélateur. Il est le témoin du renouveau, de la résilience de la nature, et de sa capacité à se régénérer après la destruction.

Ce silence est une métaphore de nos propres vies. Nous traversons tous des tempêtes, des moments de chaos, de doute et de désespoir. Mais après chaque épreuve, il y a un silence, une pause, un moment pour respirer, pour réfléchir et pour se ressourcer. C'est dans ce silence que nous trouvons la clarté, la sérénité et la force de continuer. C'est un rappel que même après les pires tempêtes, la vie continue, le soleil se lève à nouveau, et la beauté du monde nous entoure toujours.

Chérissez ce silence après la tempête. Il est un cadeau, une bénédiction, et un moment de grâce. Il nous montre que malgré les épreuves, la vie est toujours belle, et qu'il y a toujours une lumière au bout du tunnel.

Le commencement dans la fin

Chaque fin est souvent perçue comme une clôture, une conclusion d'un chapitre, un adieu à une partie de nous ou à une période de notre vie. Toutefois, chaque fin porte en elle les graines d'un nouveau départ. Tout comme un coucher de soleil annonce l'approche de la nuit, il préfigure également la promesse d'un nouveau lever. Il n'y a pas de fin absolue, seulement des transitions, des transformations.

Nos vies sont remplies de ces cycles, où la fin d'une expérience, d'une relation, ou d'une phase, ouvre la porte à de nouvelles opportunités et aventures. Les fins peuvent être douloureuses, déstabilisantes, mais elles sont essentielles pour faire de la place à la croissance, au renouveau et à la découverte. Si nous nous accrochons trop fermement à ce qui est révolu, nous risquons de manquer les nouvelles possibilités qui se présentent à nous.

Ainsi, chaque fin est une invitation à embrasser le changement, à accueillir l'inconnu et à reconnaître le potentiel de ce qui pourrait être. Il s'agit de voir au-delà de la perte immédiate et de reconnaître le commencement caché dans la fin, l'opportunité de renaissance qui attend patiemment que nous saisissions la chance de recommencer.

La boucle éternelle du stoïcisme

Le stoïcisme, cette ancienne philosophie qui nous apprend à accepter ce que nous ne pouvons changer et à maîtriser ce qui est en notre pouvoir, est en réalité une boucle constante d'apprentissage et de réflexion. Chaque défi, chaque épreuve, nous renvoie à ces principes fondamentaux, nous poussant à réévaluer, à adapter et à avancer.

La nature cyclique de la vie se reflète dans la pratique stoïcienne. Comme les saisons qui changent, les marées qui montent et descendent, nous aussi, nous traversons des phases d'épreuves et de tranquillité. Et dans chacune de ces phases, le stoïcisme nous rappelle que notre réaction, notre perspective, est la clé de notre paix intérieure.

Contes Philosophiques

La boucle ne se referme jamais vraiment, car chaque fin est aussi un nouveau départ. Tout comme le stoïcien apprend continuellement de ses expériences, se renouvelle et s'affine, la vie elle-même est une série de boucles interconnectées, d'apprentissages et de croissances. En reconnaissant et en embrassant cette boucle éternelle, nous apprenons à naviguer à travers les tempêtes de la vie avec sérénité, résilience et une sagesse toujours croissante.

CONCLUSION

Récapitulatif des enseignements et comment les intégrer dans la vie quotidienne.

Au fil des chapitres, nous avons exploré diverses facettes de la sagesse, des contes symboliques aux réflexions approfondies sur des philosophies anciennes et modernes. Chacune de ces histoires, chaque enseignement, nous rappelle l'importance de comprendre la nature impermanente de la vie, d'embrasser les défis et d'apprécier les moments de calme.

Premièrement, accepter l'incertitude est une étape fondamentale pour naviguer avec aisance dans le tumulte de la vie. Chaque conte nous a montré que la résistance au changement engendre souffrance, tandis que l'acceptation ouvre la voie à la sérénité.

Deuxièmement, la maîtrise de soi, le cœur du stoïcisme, est essentielle. Elle nous permet de distinguer ce qui est en notre pouvoir de ce qui ne l'est pas, et de concentrer notre énergie sur nos actions plutôt que sur des événements indépendants de notre volonté.

Enfin, l'importance de la perspective. Changer notre façon de voir le monde et les épreuves qu'il nous présente est la clé pour transformer les obstacles en opportunités.

Alors, comment intégrer ces enseignements dans la vie quotidienne ? Commencez chaque jour par une réflexion sur ce que vous pouvez contrôler. Rappelez-vous que chaque défi est aussi une chance d'apprendre. Lorsque vous êtes confronté à une difficulté, prenez du recul, respirez profondément et demandez-vous: "Quelle leçon puis-je tirer de cela ? Comment puis-je utiliser cela pour grandir ?"

Cher lecteur, que ces mots vous servent de guide, de compagnon dans vos moments de doute et de lumière dans l'obscurité. Embrassez la boucle éternelle de la vie, avec toutes ses épreuves et ses triomphes, car elle est le chemin vers la véritable sagesse.

Invitation à la réflexion personnelle et à la poursuite du chemin stoïcien

Le stoïcisme n'est pas simplement une philosophie à lire ou à étudier ; c'est une voie de vie à embrasser. Elle demande une introspection constante, une volonté d'analyser nos actions, nos pensées, nos réactions face aux événements qui nous entourent. Cette introspection n'est pas une fin en soi, mais un moyen de parvenir à une vie plus alignée, plus harmonieuse et plus significative.

Chaque individu est unique, et la manière dont vous interprétez et appliquez les principes stoïciens sera nécessairement personnelle. C'est pourquoi je vous invite à prendre un moment, à la fin de cette lecture, pour réfléchir à ce que ces enseignements signifient pour vous. Quelles histoires ou principes ont résonné en vous? Comment pouvez-vous les appliquer concrètement dans votre quotidien ?

La route stoïcienne est jalonnée d'auto-questionnement, d'humilité et d'efforts continus pour s'améliorer. Elle n'est pas toujours facile, mais elle est profondément enrichissante. À mesure que vous avancez, vous découvrirez que les défis deviennent des opportunités de croissance, que les échecs sont des leçons précieuses et que chaque moment est une chance d'exercer la vertu.

Je vous encourage à poursuivre ce chemin, à creuser plus profondément, à chercher d'autres ressources et lectures stoïciennes. Formez des groupes de discussion, échangez avec d'autres adeptes de cette philosophie, mettez-vous au défi et soutenez-vous mutuellement dans cette quête de sagesse et de vertu.

Souvenez-vous que le voyage stoïcien est une aventure sans fin, où chaque étape, chaque réalisation, chaque remise en question est une victoire en soi. Embrassez ce processus avec curiosité, passion et détermination. La route est longue, mais chaque pas vous rapproche de la meilleure version de vous-même.

A propos de l'auteur

Quentin Belmont est un nom de plume qui évoque l'érudition et le voyage, un pseudonyme qui a consacré sa vie à la compréhension profonde de la philosophie et à la sagesse universelle. Agrégé de philosophie, formé dans l'excellence de l'Ecole Normale Supérieure, Quentin Belmont est un érudit qui a embrassé le monde dans sa quête de connaissance. Son parcours est un témoignage vivant de sa passion pour les grandes pensées et pour la richesse des cultures. Ayant passé de nombreuses années à voyager, il a eu le privilège de s'asseoir aux pieds de divers sages, absorbant leurs enseignements et les essences de leurs visions de la vie.

Dans chaque conversation, dans chaque échange contemplatif, Quentin Belmont a recueilli des perles de sagesse, les tissant dans le tissu de son être et de son œuvre. Son écriture est un reflet de cette mosaïque d'influences ; une tapisserie riche en couleurs philosophiques, offrant au lecteur une vue d'ensemble de l'expérience humaine à travers le prisme de la réflexion stoïque. Il incarne la philosophie qu'il enseigne : une vie vécue dans l'authenticité, le calme intérieur et une quête sans relâche de croissance personnelle et collective.

Contes Philosophiques Illustration du Stoïcisme

en 52 Paraboles pour l'Esprit Contemporain

Copyright © 2023 by Quentin BELMONT
All rights reserved, including the right to reproduce this book or portions thereof in any form whatsoever.

Copyright © 2023 by Quentin BELMONT
Tous droits de traduction, d'adaptation et de reproduction, totale ou partielle, pour quelque usage, par quelque moyen que ce soit, réservés pour tous pays.

Printed by Amazon Italia Logistica S.r.l.
Torrazza Piemonte (TO), Italy